視覚障がいの歩行の科学

― 安全で安心なひとり歩きをめざして ―

大倉　元宏
清水美知子
田内　雅規　　共著
村上　琢磨

コロナ社

まえがき

　本書の著者の二人，大倉と村上が 2000 年に『目の不自由な方にあなたの腕を貸してください ―オリエンテーションとモビリティの理解―』(労働科学研究所出版部) を発行してから 14 年が経過した。この間，視覚障がい者を含む障がい者の移動にかかわる法律や取り巻く道路・交通環境および支援設備等に大きな変化があり，また新しい研究成果の蓄積やオリエンテーションとモビリティ (OM) の概念の発展もあったので，それらを盛り込んだ書を著したいとの思いが募り，今回の出版となった。

　本書では先の大倉，村上に清水，田内が加わったが，四人は全員，故田中一郎先生の薫陶を受けた。先生は国立身体障害者リハビリテーションセンター研究所（現，国立障害者リハビリテーションセンター研究所）の感覚機能系障害研究部長であり，自身が中途の視覚障がいでもあった。清水と村上は OM 訓練の専門家，田内と大倉はそれぞれ生理学，人間工学の研究者で，30 年来，身近で一緒に活動してきた。OM 訓練の専門家と研究者の緊密なコラボレーションで扱う内容に幅と奥行きが出せたことも，ほかに類をみない本書の特徴である。

　視覚障がいの歩行では，OM を常に意識することが特に重要となる。オリエンテーションとは「自身とまわりの事物との相対的な位置関係を知る技術・プロセス」，モビリティとは「出発地から目的地まで安全かつ効率的に移動する技術・プロセス」を意味する。OM は視覚による外界の情報取得に大きく依存しているため，視覚に障がいが生じるとたちまち移動障がいが起こる。この移動障がいの克服は一朝一夕には達成できないものであり，さまざまな関係者が OM の本質を理解したうえで，策を講じるのが最も早道と考えられる。本書では視覚障がいの OM に「科学的」にアプローチする。「科学的」という言葉には，できうる限り客観的資料に基づいて議論するという意味合いを込めている。

　本書は，「第 1 章　人はなぜ移動するのか」「第 2 章　オリエンテーションとモビリティ」「第 3 章　OM 訓練」「第 4 章　オリエンテーションとモビリティのためのエイド」「第 5 章　移動を支援する環境」「第 6 章　移動環境とリスク」の全 6 章から構成されている。全執筆者が協力し合い，全章をまとめ上げた。各章の概要は 1.6 節に記したので，そちらを参照してほしい。

　本書は，福祉系，介護系，医療系，理工系を専攻する学生，ガイドヘルパー，介護・福祉関係の実務家，医師，看護師，行政官，ボランティアの方々を念頭に書かれたものであるが，視覚障がいの方や人間工学，福祉工学，交通工学，土木工学，都市計画関連の研究者，

技術者の方にも是非読んでいただきたいと願っている。視覚障がいの方には自身の歩行を客観的に見直すきっかけに，研究者，技術者の方にはユーザーを知るというものづくりの原点に立ち返るきっかけになると思われるからである。

　視覚障がいの方も本書を読めるように，CD-ROMに本文テキストデータと本書PDFデータを収めたので，必要により活用いただければと思う。

　田中一郎先生が亡くなってからまもなく四半世紀が経つ。遠い先を見据えて我々を導いてくれた先生に本書を捧げ，改めて深謝の意を表す。また，執筆陣の遅筆に辛抱強く付き合っていただいたコロナ社の皆さんにお礼を申し上げる。本書がいささかでも視覚障がい者のQOL向上に寄与すれば，著者としてはこれにまさる喜びはない。

2014年葉月

著者一同

CD-ROM 使用上の注意

　本書には，視覚障がいの方も読めるように本文テキストデータ（Microsoft Wordにテキストデータを貼り付け，.docx）と本書PDFデータ（.pdf）を収めたCD-ROMを付属しています。

　なお，ご使用に際しては，以下の点をご留意ください。

・本ファイルを，商用で使用することはできません。
・本ファイルの使用により生じた損害等については，著者ならびにコロナ社は一切の責任を負いません。
・CD-ROMに収録されているデータの使い方に対する問合せには，コロナ社は対応しません。

目　　　次

第 1 章　　人はなぜ移動するのか

1.1　人　と　移　動 ……………………………………………………………… 1
1.2　移動の生物学的意味合い …………………………………………………… 1
1.3　移動の社会学的意味合い …………………………………………………… 2
1.4　移動の心理学的意味合い …………………………………………………… 2
1.5　移動様式の基本は歩行 ……………………………………………………… 3
1.6　本　書　の　構　成 ………………………………………………………… 3

第 2 章　　オリエンテーションとモビリティ

2.1　オリエンテーション ………………………………………………………… 5
　　2.1.1　現　在　地　を　知　る ……………………………………………… 6
　　2.1.2　目的地までの相対的位置関係を知る ………………………………… 6
2.2　モ　ビ　リ　テ　ィ ………………………………………………………… 7
2.3　ナ　ビ　ゲ　ー　シ　ョ　ン ……………………………………………… 7
2.4　OM　の　実　際 …………………………………………………………… 8
　　2.4.1　歩道上の移動の OM …………………………………………………… 8
　　2.4.2　交差点横断の OM ……………………………………………………… 10
2.5　視覚障がいがある場合の OM の困難さとそれらへの対応 ……………… 13
　　2.5.1　情　報　収　集 ………………………………………………………… 13
　　2.5.2　安　　全　　性 ………………………………………………………… 13
　　2.5.3　効　　率　　性 ………………………………………………………… 14
　　2.5.4　対　　応　　策 ………………………………………………………… 14

第 3 章　　OM　訓　練

3.1　沿　　　　　革 ……………………………………………………………… 15
3.2　OM 訓練の概要 ……………………………………………………………… 16

  3.2.1 OM 訓練の内容 …………………………………………………… 16
  3.2.2 OM 訓練の特徴 …………………………………………………… 16
  3.2.3 OM 訓練の形態 …………………………………………………… 17
 3.3 OM 訓練の前準備 ……………………………………………………… 17
  3.3.1 訓練生への事前情報の聴き取り ……………………………… 18
  3.3.2 観　　　察 ………………………………………………………… 18
 3.4 OM 訓練の実際 ………………………………………………………… 18
  3.4.1 徒歩における基本技術の習得 ………………………………… 18
  3.4.2 近接環境（半径 5 m 未満）のナビゲーション ……………… 19
  3.4.3 経路をたどる ……………………………………………………… 20

第 4 章　オリエンテーションとモビリティのためのエイド

 4.1 オリエンテーションエイド …………………………………………… 21
  4.1.1 触　地　図 ………………………………………………………… 21
  4.1.2 音声やテキストによるルート案内 …………………………… 22
  4.1.3 経路策定用地図 …………………………………………………… 23
  4.1.4 GPS ………………………………………………………………… 23
 4.2 モビリティエイド ……………………………………………………… 25
  4.2.1 白　　　杖 ………………………………………………………… 25
  4.2.2 盲　導　犬 ………………………………………………………… 30
  4.2.3 電子式歩行補助具 ……………………………………………… 32

第 5 章　移動を支援する環境

 5.1 視覚障がい者用の移動支援設備が必要な理由 …………………… 34
 5.2 視覚障害者誘導用ブロック―点字ブロック― …………………… 35
  5.2.1 定　　　義 ………………………………………………………… 35
  5.2.2 沿　　　革 ………………………………………………………… 35
  5.2.3 機　　　能 ………………………………………………………… 36
  5.2.4 ガイドラインおよび規格化 …………………………………… 36
  5.2.5 点字ブロックの設置箇所と敷設法 …………………………… 40
  5.2.6 今 後 の 課 題 ……………………………………………………… 42
  5.2.7 外国における設置状況 ………………………………………… 43
 5.3 視覚障害者用交通信号付加装置―音響信号機― ………………… 45
  5.3.1 定　　　義 ………………………………………………………… 45
  5.3.2 沿　　　革 ………………………………………………………… 45

    5.3.3　機　　　能 …………………………………………………………… 46
    5.3.4　ガイドラインおよび規格化 ………………………………………… 47
    5.3.5　音響信号機の設置箇所と敷設法 …………………………………… 48
    5.3.6　今 後 の 課 題 …………………………………………………………… 49
    5.3.7　外国における設置状況 ………………………………………………… 51
 5.4　視覚障害者用道路横断帯―エスコートゾーン― ……………………… 52
    5.4.1　意 義 と 役 割 …………………………………………………………… 52
    5.4.2　開発の経緯と改良 ……………………………………………………… 52
    5.4.3　国内外における設置状況 ……………………………………………… 54
    5.4.4　エスコートゾーンの設置指針 ………………………………………… 55
    5.4.5　エスコートゾーンの評価（可能性と限界） ………………………… 57
    5.4.6　エスコートゾーンの維持管理 ………………………………………… 57
 5.5　移動支援設備のユーザビリティ …………………………………………… 58
 5.6　移動支援設備の効用 ………………………………………………………… 59
コラム：科学的であること ……………………………………………………… 59

第 6 章　　移動環境とリスク

 6.1　OM におけるいくつかの行動特性 ………………………………………… 61
    6.1.1　偏軌傾向―なかなかまっすぐ歩けない ……………………………… 62
    6.1.2　スクウェアオフと慣性力の影響―障害物を回避して歩行を続けるのは至難の技 … 64
    6.1.3　音源定位―音の方向からまわりを知る ……………………………… 65
    6.1.4　エコー定位―反射音からまわりを知る ……………………………… 65
    6.1.5　音響・音声情報に基づく意思決定―誤った判断から抜け出すのは難しい … 65
    6.1.6　記憶依存性―突然の環境における変化に出くわすと混乱する …… 66
    6.1.7　高い心理的ストレス―どんなに慣れても一人で歩くのはつらい … 66
 6.2　道路横断におけるリスク …………………………………………………… 67
 6.3　鉄道駅プラットホームにおけるリスク …………………………………… 69
    6.3.1　事例 1：まっすぐ歩いたつもりが実は曲がっていた ……………… 70
    6.3.2　事例 2：ハサミの音で改札口を判断したら ………………………… 70
    6.3.3　事例 3：突然，柱が …………………………………………………… 72
    6.3.4　事例 4：電車が来たと思ったらそれは対面のホームであった …… 73
    6.3.5　転落を未然に防止するために ………………………………………… 74
コラム：認 知 地 図 ……………………………………………………………… 76

引用・参考文献 …………………………………………………………………… 78
索　　　引 ………………………………………………………………………… 85

第1章
人はなぜ移動するのか

1.1 人と移動

　人は動物界の一員であり，動物界のほかのメンバーと同じく自力による移動が可能である。動物は，陸上あるいは水中に棲むか，または空を飛ぶかで移動の方法は異なるが，地面や水や空気の反力あるいは揚力などを使って，自在に動き回ることができる。人の場合は四肢があるが，ほかの多くのほ乳動物と異なり，下肢のみを使い陸上を二足歩行で移動する。そのために下肢が脚部と足部に発達して体幹や上肢と協働して，ほかの動物に例のない円滑な下肢のみによる二足歩行行動が可能になった。

　人は二足歩行によって自由になった上肢を使い，さまざまな道具類を創り出したが，道具の創作というものはやはりほかの動物には認められない人だけの特徴である（Whiten et al., 1999）。その道具作りは，19～20世紀になると，内燃機関をはじめとする機械技術，電気による動力，また電子，コンピュータ技術による制御技術等を発達させ，それまで自力移動や動物に依存していた移動の様相が一変した。

　これらの技術革新は列車，バス等の交通機関による大量輸送や自動車，オートバイ，自転車等による個別移動手段の浸透をもたらした。また20世紀前中半には船，後半には航空機による大量旅客輸送も一般化した。それらによって，移動速度や距離などの量的な面の飛躍的な増大が起きるとともに，質的にも能動的な歩行が大幅に減少し，歩行とは別のスキルを必要とする変化を生じさせた。このように近代，現代で移動手段は多様化し，移動範囲も拡大したが，手段としての移動はどうあれ，歩行によって達成されていた移動の本質（目的）は大きく変わるところはないと考えられる。その目的は，大きく生物学的，社会学的，および心理学的意味合いに分類される。

1.2 移動の生物学的意味合い

　人を含めた動物にとって移動は生物学的観点から非常に重要な意味を持っている。すなわち，それらには日々の食物を得るための索餌（さくじ）行動，自然界における食物連鎖の中で捕食者から逃れる，災害を回避するなどの逃避行動，さらに配偶者を見出すための探索行

動などが挙げられる。このように移動は生物学的にみて生命維持と子孫存続という非常に重要な意味を有していると考えられる。苛酷な自然の中では，生物はひとたび自力で移動するための機能が障がいされてしまうと，ただちに生命に関わる緊急事態に陥ってしまうのは想像に難くない。社会的発達や移動・通信技術が発展した現代の人間社会においては，家族による援助や社会的支援のシステムが構築されているため，以前に比べて緊急性は低くなっていると考えられるものの，それによって生じる不便や達成されない生物学的問題は依然大きく残っているといえるだろう。

1.3　移動の社会学的意味合い

さて，移動における社会（学）的意味合いであるが，人はほかのいくつかの種にも見られるように家族やチームを作り，共同生活をすること，また家族や仲間と役割分担して共助的に仕事を行い，社会生活を送ることが組織的に行われている（Barnard, 2011）。高度に発達した現代社会ではさまざまな経済活動が盛んとなり，社会の一員として希望に応じた役割を担えるように，成育の過程で教育を受け，学習する必要が生じる。この教育・学習には本人の移動が必要であり，歩行に障がいがある場合は何らかの支援を利用してでもその過程をまっとうする必要がある。生活時間の多くを治療にあてなければならない場合には「療育」という手段も必要とされる（藤田, 1990）。

加えて，社会的意味合いを有する移動は，それによって経済的生活を維持，発展させるという重要な側面もある。さらに，レクリエーション，スポーツ，娯楽なども社会生活の中で経済活動とは別の重要性を有していることが明らかになっており，生活維持や生命維持にとって重要な要素とみなされる（野田, 1995）。そのため，上記の社会的な要素を持つ移動が何らかの理由で阻害されるのであれば，それは必ず取り除くべき障壁といえるものである。それが何ら対処されない場合においては，社会的不利益排除という観点から臨まなければいけない重要な事といえるだろう。

1.4　移動の心理学的意味合い

移動の心理学的意味合いは，上記の二つの移動が明白な生活や社会的意味を表すのに比べて，より抽象的で間接的なものといえる。しかし，その重要性は生物学的，社会学的側面からみた移動に比肩するほど大きいと考えられる。移動では，それ自体やその結果得られる，あるいは起こりうるさまざまな事柄が，短期的，長期的に心理的な影響を与える。これも人が高度な記憶機能を有しており，過去の振り返りと未来への見通しを持つことができ，また

感情を持つという能力のゆえんである。移動は，人の心をリフレッシュしたり，新しいもの，珍しいものを知ったり，体験したりすることで興味や好奇心を満足させる側面も有している。特に，レクリエーション，スポーツ，娯楽等にかかわる移動は，その結果によって心の高揚をもたらしたり，満足感を高めたりするのに役立つと考えられる。そのため，そのような効果を有する移動ができない状態においては，心理的ストレスが高まり，心理的な健康の視点から好ましくなく，ひいては身体的健康にも影響を表す可能性があると考えられる。

1.5　移動様式の基本は歩行

　人の移動には，生物学的，社会学的，および心理学的意味合いがあることを述べたが，移動様式の基本は「歩行」であろう。移動には，出発地と目的地があるが，それは自宅であったり，学校であったり，会社，デパート，病院，公園であったりする。出発地と目的地の途中は，自転車，自動車，電車，飛行機などさまざまな手段が含まれる場合があるが，人の一生を考えた場合，出発地と目的地およびそれらの周辺で過ごす時間がほとんどで，そこでの移動は，下肢機能が損なわれていない限り，歩行が中心となる。

　歩行では，オリエンテーションとモビリティ（OM：orientation and mobility）が特に重要な要素となる。オリエンテーションとは「自身とまわりの事物との相対的な位置関係を知る技術・プロセス」，モビリティとは「出発地から目的地まで安全かつ効率的に移動する技術・プロセス」を意味する。OM に必要な外界の情報取得には視覚に大きく依存しているのが事実であり，そのため視覚に障がいがあるとたちまち移動障がいが発生する。この移動障がいへの対応は一朝一夕には達成し得ないが，OM の本質を理解したうえで，策を講じるのが最も早道と考えられる。

1.6　本　書　の　構　成

　本書では視覚障がい者の OM に科学的にアプローチする。ここで科学的とは，できうる限り客観的資料に基づいて議論するという意味合いを込めている。まず，第 2 章において，OM の本質についてできるだけやさしく解説する。そして，OM の困難さを克服するには，訓練，エイド（歩行補助具）の利用，および移動環境の整備が必須であることを明らかにする。それを受けて，第 3 章では OM 訓練について解説する。OM 訓練のプログラムは経験の積み上げと科学的知見に基づいて組み立てられるべきであり，そのような訓練を受けることが OM の困難さを克服するために必須といえる。OM 訓練にはエイドの使い方も含まれる。第 4 章において，オリエンテーションエイドとして各種地図と GPS，モビリティエイドと

して白杖，盲導犬，および電子式歩行補助具を取り上げる。それぞれは重要な役割を担っているが，同時に限界もあることを理解しておく必要がある。エイドの利用も含めてOM技術を習得したとしても，市街地の交通環境は複雑で，簡単に一人で歩けるものではないため移動環境も整備していく必要がある。第5章において，代表的な移動支援設備である，視覚障害者誘導用ブロック（点字ブロック），音響信号機，およびエスコートゾーンを，沿革を含めて詳しく解説する。OM技術を身につけ，支援設備が整備されたとしても，なお，移動時のリスクは完全に解消できない。最後の第6章では，視覚障がいの歩行における特性を説明し，道路横断と駅プラットホーム移動時のリスクとの関連を解説する。

第2章
オリエンテーションとモビリティ

　オリエンテーションとモビリティ（OM）は，日本語では「歩行」と記されることが多い。この歩行は，ある地点から他の地点への到達を目的とするものであり，40年余り前に米国から導入された（ジェイクル，1973）。図2.1はOMを概念的に示したものである。歩行はオリエンテーションとモビリティという要素技術またはプロセスから構成され，それらが同時に遂行されたときのパフォーマンスをナビゲーション（navigation）と呼ぶ。ナビゲーションは，海原や空を移動する船舶や航空機の誘導という意味でよく用いられるが（Golledge, 1999），歩行におけるナビゲーションでは出発点と目的地を結ぶ経路を見つけ出し，それをたどることになる。

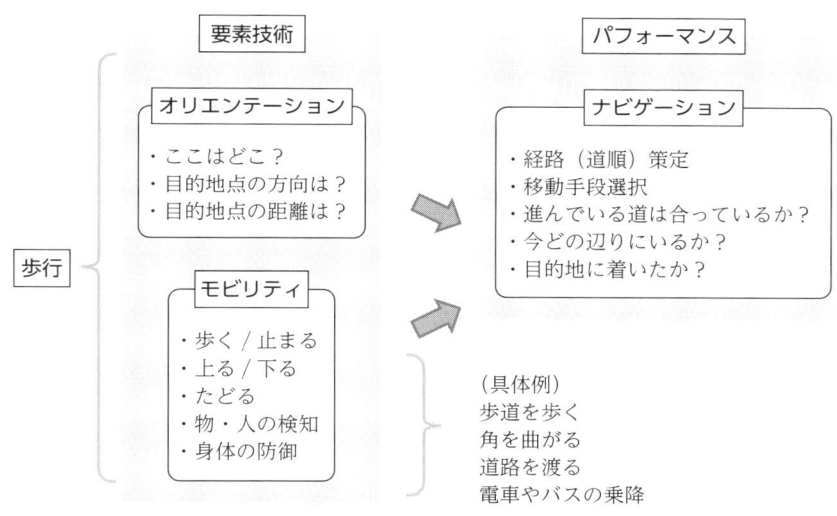

図2.1　オリエンテーション・モビリティとナビゲーションおよびそれらの関係

2.1　オリエンテーション

　オリエンテーションとは「自身とまわりの事物との相対的な位置関係を知る技術・プロセス」である。現在ではGPS（global positioning system，全地球測位システム）などにより地球上の絶対的な座標軸（経度，緯度）で場所を表示することも可能となったが，オリエン

テーションという場合，そのような表示をすることではなく，生活・移動環境の中で自身の現在地を知り，その現在地に対する目的地の相対的位置関係（方向と距離）を把握することである。

2.1.1 現在地を知る

　目が見えれば，室内や廊下など自分がいる空間の壁，天井，床を見渡すことで，その空間での自分と周囲の位置関係を瞬時に把握することができる。屋外の縁石と家並で区分された歩道上においても同様である。視力が低下し，見通すことのできる距離が短くなると，一目で（動かずに）認識できる空間の範囲は狭くなる。まったく見えなければ，手を伸ばして触れる範囲が移動せずに知覚できる空間となる。つまり，晴眼者が一目で見渡し把握する空間の広さや形状を視覚障がいのある人が認識するためには，移動しながら探索し集めた情報を整理しなければならないのである。また，視覚障がいのある人は，数メートル範囲の狭い空間を認識する場合でも，「今見ている，触っている」情報だけでは不十分で，そのとき以前に体験した空間に関する記憶をつなぎ合わせて補完することが必要である。

2.1.2 目的地までの相対的位置関係を知る

　ある目的地へ向かう場合，その目的地の方向，そこまでの距離の認識もオリエンテーションに含まれる。見通すことができる空間（目で知覚できる空間）では頭の中に地図を描いて動くわけではなく，見ているものに向かって自動的に接近するだけである。しかし，目で見ることができない目的地を設定して，そこへ行くためには地図が必要である。市販の道路地図や最近ではカーナビ（車両用位置情報表示装置），マンナビ（歩行者用位置情報表示装置）などを利用することで，知覚空間の範囲外にある目的地を認識することができる。また，すでに何度か行ったことがある場所であれば，そのときに体験した記憶を呼び起こすことで，ある程度は環境の認識ができる。さらに，身近にその場所を知っている人がいれば，その人から得た情報に基づいて目的地を認識することもできる。一方，今や映像メディアの進歩は目覚ましく，インターネットを介した情報収集により，行ったことのない場所やそこまでの経路を写真や動画で見ることもできるようになってきた。しかし，視覚障がいのある人が利用できる地理情報は依然として晴眼者に比べ圧倒的に乏しい。視覚障がいのある人を対象としてGPSを利用した位置情報表示装置が2009年から販売されているが，信頼性，実用性の点でまだ十分とはいえず，目的地の情報収集手段を補完するに留まっている（4.1.4項の「GPS」参照）。

2.2 モビリティ

モビリティとは,「現在地から目的地まで安全かつ効率的に移動する技術・プロセス」(図2.1)である。モビリティには,進む／止まる,上る／下る,回転する,曲がるなどの動作が含まれ,歩道を歩く,角を曲がる,道路を渡る,電車やバスを乗り降りする,人や物を回避する,階段を昇り降りするなどの行動となる。人の主たる移動の形態は二足歩行であるため,当然のこととして,歩行路面や周囲の物の影響を受ける。例えば,平たんな面より上りこう配のほうがより強度の筋力を必要とし,凹凸の激しい路面ではつまずきが起きやすくなる。路面の性状,歩行面のこう配,物の存在,気候などの環境要素を加えたとき,移動における安全性や効率性が変化するが,視覚に障がいがあると,それらを一定の水準に保つことが難しくなる。モビリティはその手段としては徒歩だけでなく,電車やバス等も含まれ,移動の利便性を考慮して選択が行われる。

2.3 ナビゲーション

歩行ではオリエンテーションとモビリティが同時遂行されるが,それらが組み合わされた際のパフォーマンスをナビゲーションと呼ぶ。オリエンテーションのプロセスにおいて現在地と目的地の方向と距離がわかったら,ナビゲーションがスタートする。まず,その２点をどのような道で結んで経路とするかを考える。例えば２点が野山にあれば,オリエンテーリングのように最短時間で行くために２点を直線で結ぶ経路を選択するかもしれないが,一般的には既存の道路を選んで経路を構成する。市街地では山里や村に比べ,道路は直線的で規則性が高い(図2.2)。そのため市街地における経路は,基本的に道路と交差点の順列で策

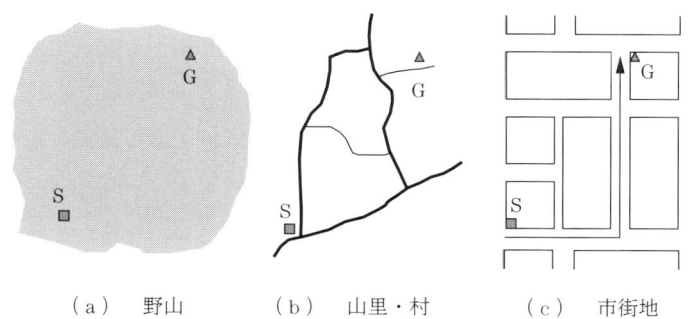

(a) 野山　　(b) 山里・村　　(c) 市街地

■と▲の相対的位置関係(オリエンテーション)は3例とも同じだが,目的地へ到達するための方法(ナビゲーション,航法)は異なる。

図2.2 さまざまな移動環境と経路選択

定する。次に，目的地までの距離や公共交通網を考え，移動手段を選択する。徒歩，自転車，自家用車，路線バス，タクシー，電車など，さまざまな移動手段が考えられる（Shimizu, 2009）。ここで決定された移動経路と手段がナビゲーションの初期解となる。移動中は常に「進んでいる道は合っているか」「今どの辺りにいるか」「目的地に着いたか」ということを確認し続けなければならない。移動経路と手段の初期解はさまざまな条件により変更の可能性がある。例えば，その経路上で道路工事や交通機関の運行状況，そのときの時間帯や天候などである。その際には，速やかに次善の経路と手段を選定する必要がある。

　ナビゲーションではオリエンテーションとモビリティが要素技術であるが，それ以外に地理，道路の種類（幹線道路，生活道路等），電車やバスの運行路線やダイヤ等々，移動エリアにおける交通に関するさまざまな知識も必要となる。また，一般にナビゲーションでは，経路上のランドマーク，方向変換地点，交通機関乗換点などを順次経由して，最終目的地に向かう。ここで視覚障がいのある人にはある地点への誘導線（例：塀，縁石，点字ブロック），スクウェアオフ（3.4.2項「近接環境のナビゲーション」参照）地点なども重要な経由地点であることを認識しておく必要がある。

2.4　OM の 実 際

　ここで，歩道を進んで，交差点を横断する場面をいくつかのパターンやサブタスクに分け，徒歩移動における OM の実際を詳しくみてみよう。

2.4.1　歩道上の移動の OM

　道路は単路部と交差点部から構成され，歩道を移動する場合は以下の七つのパターンに分けることができる（図2.3）。

- ○　**道路と平行に歩く**（図2.3の⑴aと⑴b）　　歩道には車道と民地，二つの境界線がある。境界線が明確で連続していれば，二つの境界線間を歩いたり，どちらかの境界線をたどることでこの課題は容易に遂行できる。境界線が不明確（例：縁石の切り下げ部，歩道に隣接する空き地），あるいは不連続（例：家並が途切れる）である場合は，ときに気づかず民地や車道へ進入し，ディスオリエンテーション（自己の現在地の認識を喪失すること）が起きる（図2.4）。この状態を避けるためには点字ブロックや異なる舗装面の境界，平行な車両走行音など進路を示す手がかりを使う。

　　民地に進入し方向を喪失したときは車道の位置（進行方向に対し右/左）の認識が進路を回復する有力な手がかりとなる。

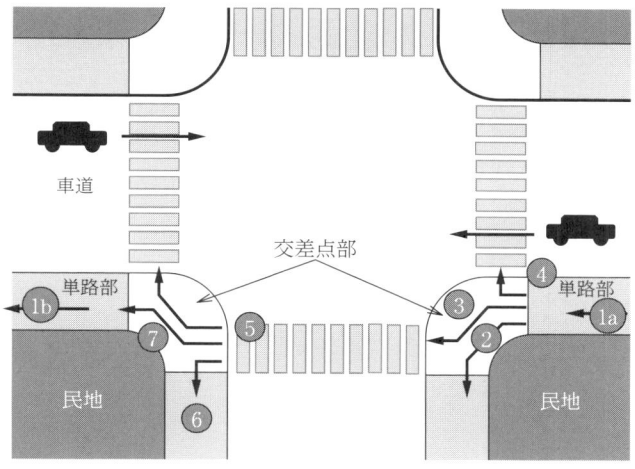

図2.3 歩道を移動する場合の七つのパターン

生け垣（民地側の境界線）をたどって歩いていて，生け垣が終った地点から民地内へ迷い込んだ。生け垣とネットフェンスの間の境界線にはコンクリートブロックが埋め込まれている。視認できない場合，足裏の触覚では境界がわかりにくく，白杖では検知しにくい。

図2.4 民地内への迷い込みの例

○ **角を曲がる**（図2.3の②）　角に沿って（境界線の屈曲に沿って）歩く。その結果起きた自身の方向の変化（例：まっすぐ歩いていて左に曲がった）を認識する。自身の運動感覚とともに環境との相対的位置関係の変化が，曲がったかどうか，またその程度（鋭角，直角または鈍角）の手がかりとなる（例：右に聞こえていた主要道路の車両走行音が，背後から聞こえるようになった）。角の境界線が不明確（例：交差点部の低い縁石），あるいは，ない場合（例：交差点部に隣接する駐車場）は前項と同様に迷い込みが起こりやすい。交差点部での迷い込みから脱出し，オリエンテーションを再確立するのは単路部に比べ複雑で難度が高い。

○ **横断歩道口へ行く**（図 2.3 の③と④）　近年は角の曲率半径が大きい交差点が多く，単路部の進路（図 2.3 の⑬と⑭）の延長上に横断歩道口があることはまれとなった。そこで，次のような手がかりを使って横断口を探し，そこに立つ。

　　ア．路面の道路標示（眼で確認できる場合）
　　イ．縁石の切り下げ部分
　　ウ．点字ブロック
　　エ．通行人や自転車の動きや滞留

　歩道口を探す過程で，元の進路方向の記憶はなくなってしまう。図 2.3 の③と④の歩道口を取り違えてしまうこともある。音響信号機のスピーカー位置，点字ブロック，車両の停止時のエンジン音，走行音なども手がかりであるが，事前情報がない場合は横断歩道口を見つけるのは困難な課題である。一方，熟知した交差点部では，前述した支援設備の配置状況，その他のランドマークを利用することで，課題の難度は低下する。

○ **道路横断後，隣接する横断歩道口へ行く**（図 2.3 の⑤）　対岸に到着後，先の「横断歩道口に行く」というサブタスクが実行される。

○ **道路横断後，単路部に向かう**（図 2.3 の⑥または⑦）　これは，図 2.3 の③と④の逆ルートである。歩道の二つの境界線と車両走行音が手がかりとなる。進路と平行する車両走行音（図の⑥と⑦の場合はそれぞれ進路の左側と右側）を認識し，それと平行に進むことで単路部へ入ることができる。

　これらの七つのパターンにおいて，もし進路上に障害物があれば，それを回避することが必要となる。障害物は明確な境界線に隣接しているもの（例：商店の陳列台，バス停のベンチ）と境界線から離れて存在するもの（例：放置自転車）とに分けられる。前者は境界線の一部と考え，境界線に沿う歩行として回避することができる。後者の場合は，回避した後に歩き始める方向が問題となる。障害物の一辺が進路と垂直であれば，それを手がかりとして利用しやすいが，進路に対して斜めであったり，曲線だったりすれば，信頼できる手がかりはなく，周囲の環境情報を利用するほかない。

2.4.2　交差点横断の OM

　交差点の横断では，歩行者は横断歩道に至る以前に，交差点に接近した（であろう）と認識した時点から，速度調整など横断行動をとり始める。「交差点を渡る」という課題を達成するには，① 交差点部に接近したことを知る，② 横断開始場所（横断歩道口）に行く，③ 横断方向を向く，④ 横断開始時期をとらえる，⑤ 横断方向を維持して渡る，⑥ 対岸に上がる，⑦ 目的地につながる単路部へ向かう，の七つのサブタスク（Yoshiura et al., 1997）

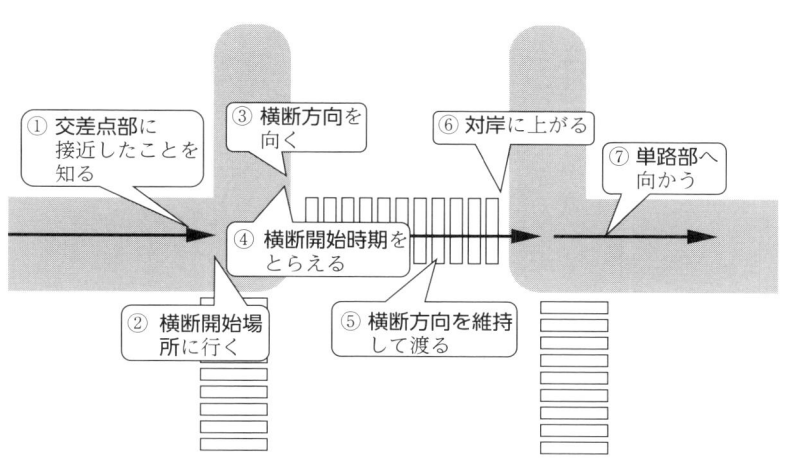

図 2.5　交差点横断のサブタスク

を順序通り遂行する必要がある（図 2.5）。このうち，②と⑦は前の歩道を移動する場合と重複するので，ここでは，①と③〜⑥について解説する。

① **交差点部に接近したことを知る**　　単路部を歩いていて，次のような状況に出会えば，交差点部に近づいたのかもしれない。そしてこれらの状況が多く得られれば，交差点部である確率は高くなる。

　　ア．歩道の下りこう配
　　イ．民地との境界の終わり　　民地との境界（塀，建物の壁，U字溝，舗装面の境など）に沿って歩いていて，それが途切れる。
　　ウ．音響の変化　　家並が途切れ，それまでの家並からの反響音が消え，「空間が開けた」と感じる。
　　エ．進路に交差する車両走行音が聞こえる。
　　オ．進路と平行する道路の車両が速度をゆるめる，停止する／停止している。
　　カ．時間／距離感（筋肉運動記憶）　　街区が規則的に配置された街では，そこに至るまでの体験から街区の距離感が生まれ，それにより交差点に接近したと推定する。
　　キ．点字ブロック　　単路部では進路と平行な線状ブロックが主だが，交差点部に入ると点状ブロックなど複数個の誘導経路が出現する。

② **横断開始場所（横断歩道口）に行く**

③ **横断方向を向く**　　横断歩道口に立ち，次のような手がかりを使って横断方向を決定する。

　　ア．縁　石　　横断方向に対して縁石が直角であることがわかっている場合は確実な

方向の手がかりとなるが，初めての交差点でそれを知ることは難しい。また，縁石が，曲率半径の大きな巻き込み部か直線部のどちらに位置しているかの判別は難しい。一般に横断歩道口では円弧をなしており，それを使って横断方向は決めにくい（吉田ら，2007）。ほかの手がかりも併用して方向を決定しなければならない。また，最近は縁石部の段差がまったくないところも多くなってきており，車道と歩道の区別に縁石が利用しにくくなってきた。

　　イ．車両走行音　　進路と平行/垂直に走る車両の走行音を聴き，それと平行/垂直方向を向く。横断方向に平行で近い車両走行音（自分と同じ方向へ走る場合と，逆方向の場合がある）がとらえやすい。交差点の形状（例えば直角に交わっていない十字路）によっては，横断方向と車両の走行方向がずれている場合がある。歩車分離式信号機が設置されている交差点では，横断時に車両すべてが停止している状況がある。

　　ウ．点字ブロック

　　エ．音響信号機　　音響信号機のスピーカーは原則的には横断歩道幅の中央に設置するので，対岸のスピーカー音に向くことで横断方向を向くことができる。

　　オ．その他　　保有視力の程度によるが，横断歩道の白線，歩行者用信号灯なども手がかりとなる。

④　横断開始時期をとらえる　　音響信号機が設置されていれば，その信号音の開始が確度の高い手がかりとなる。設置されていなければ，同じ方向に進む歩行者の足音や自動車の発進音が横断開始のタイミングとなる。ただ，近年は歩車分離式信号や矢印信号などにみられるように交通制御が複雑化し，車両の発進音が必ずしも歩行者信号の青と一致しない場合も出てきたので，注意を要する。また，交差点周辺の騒音や車両走行音の静音化も横断開始のタイミング検知を難しくしている。

⑤　横断方向を維持して渡る　　道路横断帯（エスコートゾーン，5.4節「視覚障害者用道路横断帯」参照）が敷設されていて，それが見つかれば，それに沿って行けばよい。音響信号機の信号音も有力な手がかりとして利用できる。車両の走行音も手がかりとなるが，④と同様に初めての交差点では十分な手がかりではない。路面の傾き（縦断/横断こう配）や横断歩道の白線の盛り上がりなども手がかりとなるが，どれも交差点の形状，道路幅などについて事前情報がないと，信頼性が乏しい。10年ほど前から導入されている歩車分離制御（警察庁，2002）の交差点では，全方向の車両の同時停止（スクランブル方式や歩行者専用現示方式）や斜め横断（スクランブル方式）の状況があり，横断中の方向を確認するための手がかりが減っている。

⑥　対岸に上がる　　縁石（上り段差，up-curb），舗装面の違い，点字ブロックなどが対

岸到着の手がかりとなる。音響信号機の信号音の大きさや聞こえる方向も重要な手がかりである。近年交差点部の縁石は切り下げられ，縁石に気づかずに対岸に上がることもあり，その場合，交差点部の点字ブロックあるいは民地との境界に到達してそれに気づく。

⑦ 目的地につながる単路部へ向かう

歩道を移動する場合と重複する部分はあるが，交差点横断に関して特有なサブタスクは③〜⑤であろう。視覚情報が得られないとどのタスクも容易ではないが，この③〜⑤は安全移動の確保という面から特に注意を要する。

2.5 視覚障がいがある場合のOMの困難さとそれらへの対応

2.5.1 情報収集

視覚情報が得られない場合，ナビゲーションが相当困難になることは想像に難くない。大倉（1989）は心理的ストレスの程度を評価する一手法である二次課題法により，歩行中，特にオリエンテーションの負荷が増すと心理的余裕がなくなることを明らかにした。視覚は，眼前の三次元空間の詳細な構造とその時間的変化を瞬時にとらえるという，ほかの感覚器官では達成できない優れた機能を有している。その視覚に問題が生じた場合，残りの感覚器官を総動員して視覚の代行を行おうとするのは当然であるが，二つの問題がある。一つは視覚の代行を行う感覚器官が視覚との調和の中で使われていた条件から単独で使われるという新しい環境に迅速に対応できうるものなのかということ，もう一つは十分に訓練や学習を行ったとしても保有感覚による視覚代行の水準がどこまで高められるものなのか，ということである。ここで，あらかじめ大まかに答えを出してしまうならば，前者については相当な時間がかかり，かつ適切な能動的訓練をしないと保有感覚の発達はきわめて遅いといえ，後者については視覚の果たしていた役割は完全には代替できないということがいえる。ここに視覚障がい者の厳しい現実がある。

2.5.2 安全性

モビリティに関しては，安全性と効率性が重要である。安全を妨げる事象には，「物に当たる」「つまずく／踏み外す」「転倒する」などがある。当たる，つまずく／踏み外すの原因には，「会話をしていた」などのように，ほかのことに注意が向けられていたなども挙げられるが，「対象物が認識できない」「認識したが，身体が対応できなかった」など，視覚が使えないために起きる対応動作機能の低下が大部分を占める。通常の歩行速度（時速4 km前後）で物に当たっても，当たったことのみで大きな怪我につながることは少ないが，その結

果，バランスを失い転倒／転落すると，骨折など大怪我を負うことになる。走行する自転車や自動車との接触も重大な危険である。自転車とは移動空間を共有することが多く，接触の機会が多い。自動車との接触は主に道路横断の際に起きる。

2.5.3 効　率　性

効率性には，歩行速度，歩行距離，運搬力などが要素として考えられる。歩行速度は各々の生活ペースにもよるが，社会との関わりを考えると一定の範囲があると思われる。例えば，歩行者用交通信号機の青の呈示時間は，歩行速度を毎分 60 m として設定される場合が多い（村田ら，2007）。そのため，それより遅い歩行速度の人は，青信号の間に渡り切れないことになる。一人で地域生活を営むのに必要な歩行能力を「1 分間に 80 m の速さで 332 m 以上歩けること」としている報告（Menard-Rothe, et al., 1997）もある。

2.5.4 対　応　策

モビリティにおいては，視覚に障がいがあっても徒歩による移動が可能であれば，オリエンテーションほど大きな不利はないが，それでも安全性や効率性の面では不安な要素を常にかかえているといえる。

　そのため，このような OM の困難さを克服するために古くからさまざまな対応が講じられてきた。主な対応内容としては OM 訓練，エイド（歩行補助具），および移動支援設備が挙げられるが，保有している OM の技能によってそれらの必要性や利用法は異なる。乳幼児期に視覚障がいを負い，それ以降，積極的に単独行動を続けている人の中には高い OM 技能を獲得し，触覚はもとより，聴覚による空間認知も高いレベルに達する人がいる（Kish, 2009）。一方，成人後に視覚障がいを負った人はすでに生活や仕事があり，OM 技能の獲得に長い時間を費やすのは難しく，高齢視覚障がい者は，総体的に身体機能が低下してるため転倒／転落のリスクが増している。まずは日々の生活場面で安全かつ実用的に移動するための技能（例：スクウェアオフ，境界線に沿って歩く；3.4 節「OM 訓練の実際」参照），そして徒歩による移動で頻繁に発生する「単路を歩く」「角（交差点）を曲がる」「道路を渡る」を習得することが推奨される（2.4 節「OM の実際」参照）。なぜなら，OM のエイドも移動支援設備もそれを利用するには一定の OM 技能を有していることが前提であるからである。エイドや設備は，それがあればただちに有効に利用できるわけではなく，あくまでも OM 技能の発揮を容易にするためのものであることを忘れてはならない。晴眼者を対象として構築されている現在の移動環境では，いくら OM 技能が高くても確実な安全性の保証は難しいため，各種エイドの利用や移動環境の整備が必要である。それらを利用することで，単独での行動範囲が拡大される。

第3章
OM 訓 練

3.1 沿 革

　Levy（1872）は，その著書"Blindness and the Blind"の中で"Loss of sight is in itself a great privation, and when to it is added the want of power of locomotion, the sufferer more nearly approaches the condition of a vegetable than that of a member of the human family"（視覚を喪失することだけでも大変な不自由なのに，それに加えて歩行能力まで喪失してしまうと，その人は社会の一員というよりは植物に近い状態になってしまう）と警鐘を鳴らし，視覚障がいのある人がひとり歩きの能力を獲得することの大切さを説いている。また，木下和三郎（1939）は著書『盲目歩行に就いて』のはしがきで「盲人を対象とする総べての保護も救済も教育も盲人の行動，就中（なかんずく）歩行の問題を解決しないならば，それは文字通り砂上に楼閣を築くものであると信ずる」と記している。このように視覚障がいのある人にとって単独歩行能力の重要性は古くからいわれており，盲学校などでは視覚障がいを有する者同士で経験的な OM 技術が教授される状況があった。

　そのような状況の中，第二次世界大戦が勃発し平時とは比べものにならないほど多くの視覚障がい者が短期間に社会に送り出された。各国にとって彼らの社会復帰のための訓練は急務であり，そのような背景から，米国で白杖を使った OM 訓練プログラムが Hoover らによって開発された。当初は戦争で失明した軍人を対象として軍の病院で行われていたが，1954 年に Carroll によって開設された St. Paul's Rehabilitation Center（米国で最初の視覚障がいのある人のリハビリテーションセンター）で主要訓練項目として行われるようになった。Carroll（1961）は，著書"Blindness（失明）"の中で，コミュニケーションとともにモビリティを基本技能の喪失（loss of basic skills）に分類し，モビリティの喪失は "a dying to adult independence（独立性，主体性の終わり）"と述べている。1960 年には Boston College に最初の訓練士養成プログラムが開講し，その後，OM 訓練が民間施設や学校などに普及した。日本では 1970 年 7 月から約 3 ヶ月間，社会福祉法人日本ライトハウスと American Foundation for Overseas Blind の共催で，初の「視覚障害者歩行訓練指導員講習会」が日本ライトハウスで開催された（ジェイクル，1973）。その後，OM 訓練は視覚障害リハビリテーション訓練プログラムの主要項目として今日まで続いている。

3.2 OM訓練の概要

視覚障がいによって行動が著しく阻害された場合，希望によりリハビリテーション施設等において，それを克服するための訓練を受けることができる（注：訓練プログラムによっては障害認定を受けていることが要件）。その代表的な訓練の中にOM訓練も含まれる。

3.2.1 OM訓練の内容

人には生活の拠点があり，多くの場合それは自宅である。生活のほとんどの活動が自宅を中心として営まれ，周辺地域の主な移動手段は徒歩であるが，目的地が遠くなると距離，状況，費用などを考慮した移動手段を利用する。ときには複数の移動手段を利用することもある（図3.1）。このような観点から，OM訓練は以下に示す内容となる場合が多い。

（1） 自宅周辺や目的地周辺の徒歩移動
（2） バスの利用
（3） 鉄道施設への接近および離脱
（4） 駅構内の移動
（5） プラットホーム上の移動
（6） 電車の乗降

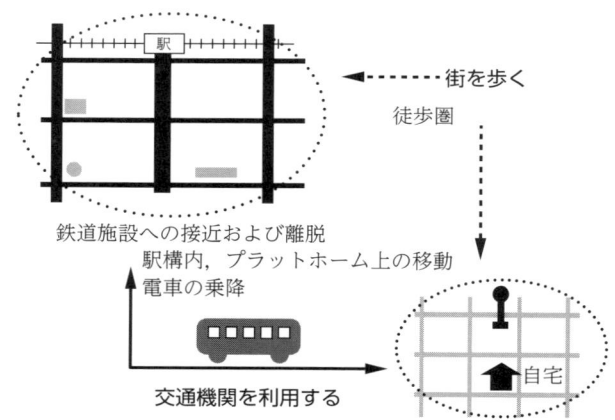

図3.1 よくみられるOM訓練の内容

3.2.2 OM訓練の特徴

OM訓練には次のような特徴がある。
（1） 個別訓練　　訓練生の安全の確保と，視機能やOM技能等が各々異なる訓練生の課題に個別に対応する。

（2）実環境での実施　　OM 訓練は教室や体育館などに模擬の環境を作って行うのではなく，屋外の現実の道路交通環境において実施する。

（3）体験型・問題解決型学習　　教科書等を利用した座学ではなく，移動場面を想定し，そこでの問題を実際に体験し，解決を図るプロセスを探索し，合理的な方法を体得する。

（4）実社会の営みの中での実施　　道を聞く，交差点横断の手助けを依頼するなど，ほかの通行者とコミュニケーションを取る過程で，視覚障がい者に対する善意，無理解，偏見などによる多様な対応を経験しながら，再度社会へ戻る気持ちを育む。

（5）リスク管理の重要性　　視機能が低下しているため，リスク管理には十分な配慮が必要になる。ほかの歩行者や自転車との接触や衝突，工事による道路形状の変更など実環境ではさまざまな状況に遭遇することを考えておかなければならない。また，移動能力の低いほかの歩行者と接触することで事故の加害者になる可能性があることにも注意が必要である。

3.2.3　OM 訓練の形態

OM 訓練の形態はおおよそ次の二つに分けられる。

（1）訓練施設での訓練（入所・通所訓練）　　施設入所あるいは通所型の訓練は訓練生の生活圏での訓練ではないため，事前評価に基づいて実生活に役立つであろうと考えられる訓練項目で構成する。そして典型的な道路環境を使って訓練し，そこで習得した技術，体験を訓練生が自分で自身の生活圏で役立てることを想定している。中には訓練修了後，自身の生活圏の道路が歩けず，生活圏での再訓練が必要となる場合がある。

（2）生活圏での訓練（在宅・訪問訓練）　　生活圏での訓練では，その目的は日々の生活に直接つながっている。「ガイドと歩いている経路を一人で歩きたい」「一人でコンビニまで行っているが，自分の歩き方に自信がないので，自信を持って歩けるようになりたい」「交通量の多い交差点を渡れるようになって，行動範囲を広げたい」などの目的がある。より切実に「一人でトイレまで行きたい」という目的もある。

訓練が実際の環境で実施でき，訓練生の問題や課題に直接対応できる反面，訓練環境が自宅周辺などに制約されるため，技術学習に好ましい環境を得るのが難しいという難点がある。

3.3　OM訓練の前準備

OM 訓練に先立ち，訓練生の状況を聴取し，観察する。それに基づき訓練生とともに訓練の目的，目標を設定し，訓練計画を策定した後，OM 訓練に入る。

3.3.1 訓練生への事前情報の聴き取り

訓練生と事前に面談の機会を持ち，（1）訓練の依頼理由，（2）既往症や最近の体調，（3）普段の外出の頻度，（4）OM の技能，などについて聴き取りを行う。できれば訓練開始前に聴き取りを終了するのが望ましいが，訓練と平行しながら情報収集を継続するのが現実的である。その過程でより詳細に調べる必要のある項目が出てきたり，聴取する必要がなくなったりする項目もある。

3.3.2 観察

面談の中で外出行動（単独だけに限らない）が確認された場合は，その行動を観察するのがよい。例えば，一人でコンビニへ行くという人であれば，実際にその経路を歩いてもらい，その様子を観察する。ガイドと外出するという人であれば，訓練士がガイドとなり，そのときの行動を観察する。

外出行動がない人でも，自宅内の移動（例えば，トイレとベッド間）は通常あるため，その場合は，その動作が観察の対象となる。

観察にあたっては普段どおりに歩くことを求め，（1）訓練生の服装や靴，使用している補助具，（2）移動経路の状況，（3）OM 技能，などに留意する。

OM 技能の評価にあたっては，2.5 節で述べた「安全性と効率性」とともに「心理的ストレスの程度」の観点が重要である。「心理的ストレスの程度」の評価方法には，心拍数を指標とする方法（Tanaka et al., 1981），二次課題法による心理的余裕を指標とする方法（大倉，1989），歩行速度を指標とする方法（Soong et al., 2000）などがある。

以上の聴き取りと観察によって得られた情報を元に，訓練生とともに訓練目標を設定し，訓練計画を策定した後，訓練を開始する。訓練期間中も目標の妥当性や訓練計画について適宜検証し，必要に応じ変更しながら訓練を進める。

3.4 OM訓練の実際

ここでは，主たる移動手段である「徒歩」を取り上げ，OM 訓練の実際を概説する。

3.4.1 徒歩における基本技術の習得

歩道上の徒歩移動には七つのパターン（図 2.3）がある。それらを遂行するには身体運動能力（平衡力，筋力，持久力など）に加え，発進，停止，回転，速度調整，段の昇降等の基本動作能力が必要である。そして，それらの動作が逐次変化する歩行環境および状況に対応できることが必要である。自身の身体能力のみでは支障を来たす場合には，障害物の探索や

身体の支持をするための杖を携行したり，歩行器や車いすなどを用いたり，ガイドと歩いたり，場合によってはそれらを組み合わせたりと多様な方法で対処する。訓練は，その人の視機能，運動能力などに応じてそれらを試し，評価しながら決定するプロセスでもある。

3.4.2　近接環境（半径 5 m 未満）のナビゲーション

2.1.2 項で述べたように晴眼者が目標物に向かって（沿って）歩く場合，例えば，数メートル先に見えるバス停に向かって歩いたり家並に沿って歩くには，近くにある物を取ろうと手を伸ばすときのように，ほぼ自動的に目標物に向かって歩いている。視覚障がいがある人でも保有視覚や聴覚を利用して目標物の位置を確認することができれば（図 3.2（a）），晴眼者と同様，目標物に向かって進むことができる。しかし，位置が認識できない場合，目標物までの誘導線をたどったり，方向を示す手がかりを利用したりして目標物へ向かう（図3.2（b））。誘導線には点字ブロックのようにその目的のために設置された専用の設備もあれば，異なる舗装の境目のように既存の環境内に存在するものを誘導線として利用する場合もある。誘導線は保有視覚や触覚を利用するものが一般的であるが，音響信号機のスピーカーの位置を横断方向の手がかりとする場合のように，聴覚を使った誘導線もありうる。目標物に直接向かう誘導線がない場合は，壁や塀，縁石，舗装の境目など平面や直線部を持つ構造物や固定物を手がかりとして，それと平行，または垂直な方向を定位して目標物へ向か

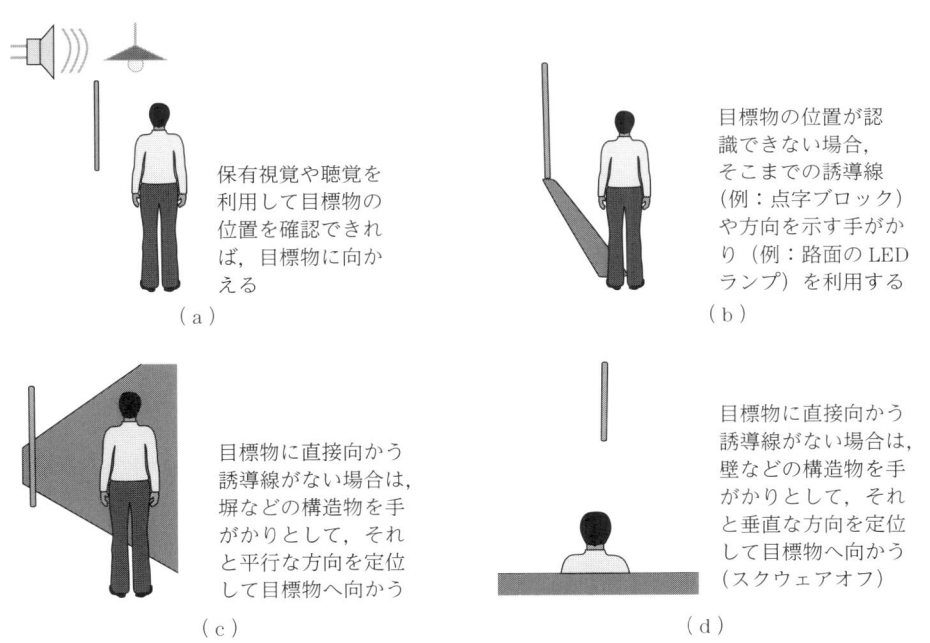

図 3.2　視覚障がいのある人が目標物に向かう方法

う（図 3.2（c），図 3.2（d））。この場合，目標物と方向の手がかりとする物との相対的位置関係を知っていることが前提となる。平行を定位する場合は，手がかりを触覚的に直接たどったり，あるいは聴覚を利用して手がかりと一定距離を保つことで方向を連続して知ることができるが（6.1.4 項「エコー定位」参照），垂直を定位する場合は出発点で方向を確認した後の明確な手がかりはない。そのため出発点での方向定位の精度を確保するための技術であるスクウェアオフ（square off）（図 3.3）は重要である。スクウェアオフでは，壁などの明確な触覚的手がかりにかかと，ふくらはぎ，尻，背中，後頭部をつけ，それと垂直方向に離れる。このように晴眼者にとってはいとも簡単な近接環境の移動であっても，視覚障がいのある人にはナビゲーション技術が求められる。それが「物に沿って歩く」「物に向かって歩く」などの技術であり，さらに途中に障害物があれば，「それを回避して元の進路を維持する」という応用技術も求められる。

狭い空間の中でも「現在地の把握」「ルート策定」「移動方法の選択・決定」「人や物を避ける」という課題は存在し，そのすべてを達成するように合理的に訓練を進めなければならない。

かかと，ふくらはぎ，尻，背中，後頭部を壁につける

図 3.3　スクウェアオフ

3.4.3　経路をたどる

現在地と目的地を知り，目的地までの経路を決定したら，その経路を目的地までたどって行く。経路は基本的には「単路を歩く」「角（交差点）を曲がる」「道路を渡る」の 3 種類の課題で構成される。各課題の構成順序が道順である。道順を覚え，順序に従ってそれを遂行する。また，状況によっては「障害物を回避した後，元の進路を維持する」という応用課題も加わる。障害物の形状しだいで，例えば，円筒形の太い柱などでは，回避後の方向の定位が相当難しくなる（6.1.2 項「スクウェアオフと慣性力の影響」参照）。

経路をたどる際には，その基本要素である単路部と交差点部のたどりやすさが重要である。民地や車道との境界の明確化，車両交通との分離や棲み分け，道を不法に占拠する事物の撤去，道の方向を示す「線」（誘導用点字ブロックはこの一例であり，ほかにも軒先や舗装の境界が作り出す「線」がある）の作成など，歩行空間を整備することで，「初めての道」でも道を失わず，経路をたどることが容易になる。そのため，このような視点での歩行環境整備も望まれる。

第4章
オリエンテーションとモビリティのためのエイド

　OM訓練ではエイド（歩行補助具）と組み合わせて，技術を教える場合が多い．触地図や白杖がその代表例である．

4.1　オリエンテーションエイド

4.1.1　触　地　図

　OM訓練では，交差点の形状，建物内の部屋の配置，駅構内の通路や設備の配置，訓練経路などを示す場合に，言葉での説明とともに地図がよく使われる．使用する地図は視覚障がいの程度によって，触って読む地図，触ると同時に目でも見る地図，目で読む地図の三つの形態がある．ここでは手で触って読む地図である触地図を中心的に述べる．訓練で使われる地図は，各訓練生の能力，使用目的，視機能の程度などに合わせて訓練士が個別に作成することが多い．触地図を作るには次のような方法がある．

（1）　身近にある触素材で作る　　段ボール，ボール紙，木材，布，ひもを台紙に貼りつけて作る．

（2）　鉄製の板上に棒状，板状のゴム磁石で作る　　配置を簡単に変えることができる．現地で即座に地図を作り呈示することができる．

（3）　レーズライター（表面作図器）で書く　　専用のプラスチックシートに，先の尖った筆記具（例：ボールペン）で描くと図形や文字がそのままの形で浮き上がる．現地で即座に地図を作り呈示することができる．

（4）　立体コピー機を使う　　原図を立体コピー専用紙に複写して，専用現像器に通して熱を加えると，トナーのついた部分が膨張し，浮き上がる．希望するエリアの触地図を作成するサービス（例：触地図自動作成システム，新潟大学，2012）が試験運用されている．一般的に触地図は公的機関などに設置されていることが多いが，自宅周辺等，それ以外の場所は設置されていない．このサービスでは視覚障がいのある人が希望する地域を選択し，触地図の原図を作ることができる．

（5）　真空熱処理成型器を使う　　1970年代に点字や触地図の複写機として開発されたThermoform Machine（真空熱処理成型器，米国 American Thermoform Co. 製）は，当時は視覚障がい者関連施設のほとんどに設置されていた．現在では学校を中心に使われ

ており，地図作成より教材作成（例：幾何学図形の表示）のための利用が主である。サーモフォーム機を使って手作り触地図の複製を作ることができる。触素材を貼りつけただけの手作り地図は，携帯に適さず，利用頻度が高くなると素材が摩耗し，素材がはがれ落ちることがある。一方，サーモフォーム機で手作り地図を Braillon というプラスチック製のシートに複写したものは携帯性に優れているだけでなく触察への強さもある。

（6）その他　テンプレート，プレカットされた線分や図形と専用の板，紫外線硬化樹脂インクなどを用いた作製方法がある。

ある程度保有視機能があれば晴眼者の地図を単に拡大するだけでよいが，触地図の場合は晴眼者用の地図を原形のまま触覚に変換しただけでは問題がある。触覚の空間分解能は視覚の空間分解能を大きく下回るため，同じ大きさであれば触地図に含めることのできる情報量は視覚地図より著しく少ないからである。晴眼者用の地図を原型のまま触覚に変換した場合，情報量が多過ぎ，記号表示が接近して読みにくいものとなる。

そのため例えば，視覚地図には車が進入できない幅の狭い路地まで表示されているのに対し，触地図には幹線道路だけが表示される。また，視覚が地図を一瞥して主要な箇所や経路の位置関係を認識するのに対し，触覚は指先で認識できる数センチの情報を記憶しつなぎ合わせてようやく認識に至るため，触地図は大きくても両手のひらで覆うことができる大きさ以下がよいとされている（Bentzen et al., 2010）。

触地図を作製するにあたっては視機能，必要な情報の種類と量，触察能力などを考慮しなければならないが，情報量を増やせば記号が混み合うため触察が難しくなり，記号間の空間を広げれば地図が大きくなる。大きくなると全体を把握して各部分の相対的位置関係を理解することが難しくなってしまう。

以上，難点は多々あるが，これらの特徴を考慮しながら使用者が触察しやすい触地図を作製することが重要である。

4.1.2　音声やテキストによるルート案内

ルート案内は，経路地図，道順説明，道案内などとも呼ばれる。ある経路を出発点から目的地まで順を追って説明する。説明には，目的地の方向，方向変換，距離，沿道の目じるし，取るべき行動（例：塀に沿って歩く）などが含まれる。情報は経路沿いに限定されるため，寄り道や道に迷ったときに必要となる情報は含まれていない。進路指示には自分を中心とした座標（右／左，前／後）を使い，広い地域の地理的知識のない人であっても一つひとつの指示を順に遂行することで目的地へ到達することができる。地図の形態は墨字，点字，音声などがある。その形態によって「言葉による地図」(narrative map)「音声地図」(auditory map) などと呼ぶこともある。近年は情報をテキスト，点字，音声などのデータとしてウェ

ブ上に置き，必要なときにユーザーがパソコンや携帯電話で閲覧したりダウンロードしたりして使うことができる（NPO 法人ことばの道案内，2013）。または電話回線を介して，リアルタイムに音声説明を聞きながら歩くサービスもある（ClickAndGo Wayfinding Maps，2013）。

OM 訓練で訓練士が行う経路説明も「言葉による地図」の例である。訓練士は，訓練生の理解力，訓練課題，訓練場所などを考慮し，地図に含める情報や説明に用いる語句を取捨選択し，各々に合わせた速度で，訓練生が理解していることを確認しながら経路の説明を行う。

4.1.3 経路策定用地図

経路を策定するためには出発地，目的地およびその周辺地域との相互位置関係や距離などの情報が必要である。近年，地理情報システム（geographic information system，以下 GIS）が整備されるに伴い誰もが地理空間情報を簡単に入手利用できるようになった（国土交通省国土政策局，2013）。GIS を利用した道案内ソフトウェアも各種開発され，スマートフォンやパソコン上で，徒歩ルートの検索が瞬時に行える。縮尺や表示エリアの変更なども簡単に行うことができる。

米国では，地理空間情報と閲覧ソフトウェアがインストールされた外部記憶媒体（American Printing House for the Blind, 2013）が販売されている。それをパソコンに接続すると，現在地の位置情報の検出を除き，GPS とほぼ同様のことができる。外出に先立って経路を考え予習したり，興味のあるエリア内の道路網や施設を調べたりすることができる。GPS 受信器のない位置情報表示装置ともいえる。

4.1.4 GPS

〔1〕**GPS**　GPS（global positioning system，全地球測位システム）は，GPS 用の人工衛星を利用した位置計測システムで，複数の衛星から送られる電波を受信し，それぞれの衛星との距離から三次元での位置を同定する（ITS 情報通信システム推進会議，2005）。図 **4.1** は実際に歩行した道路の写真（a）とそこを歩いたときの歩行軌跡（b）を GPS（eTrex Legend HCx，Garmin 社製）を使って記録し地図上に表示した（使用ソフトウェア：Garmin MapSource^{TM}）ものである。このように周囲に建物がない場所では精度が高い。

日本では 2009 年 8 月に初の視覚障害者 GPS 歩行支援システムの販売が開始された（エクストラ，2013）。このシステムは，GPS 受信機と，地図データ（GIS）および GPS ナビソフトウェアを載せた携帯情報端末（PDA）で構成され，情報は音声および点字で呈示される。2012 年 1 月にはトレッカーブリーズの日本対応版の販売が開始された。これは手のひらに納まる大きさ（129 × 60 × 29 mm，重さ 200 g）で，GPS 受信器，スピーカー，マイクが内

 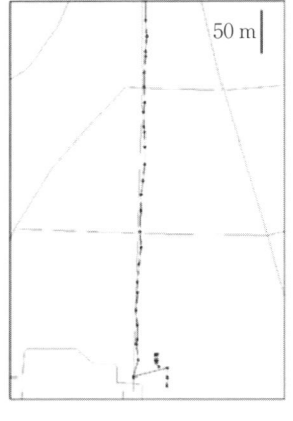

（a） 歩行した道路　　　　（b） 歩行軌跡

図 4.1　歩行した道路と歩行軌跡

蔵されている。情報の呈示は音声のみである。トレッカーブリーズは，（1）現在地点の位置情報，（2）現在地周辺にある施設情報，（3）登録されているポイント情報の検索，（3）目的地までの経路検索および経路案内，（4）ランドマーク登録，（5）移動経路の保存と案内，（6）仮想ナビ，などの機能を有している（エクストラ，2011）。

〔2〕　**歩行者用 GPS の限界**　　現状の歩行者用 GPS については次のような限界が指摘されている。

①　GPS の精度は 10 m 程度である（臼井，2009）。

②　歩行者ナビゲーションシステムにはジャイロセンサや加速度センサなどを使った自律航法機能が搭載されていないため，建物内や高層ビルの間など電波の届きにくい場所では現在地が正しく表示されない（臼井，2009）。

③　歩行者の行動パターンは複雑である（右側／左側通行，民地内通行など）ため，マップマッチングを適用するのが難しい。

〔3〕　**実際に使用するときの注意点**

①　GPS は進路上の障害物や目印，段差などを認識するための道具ではない。これらを認識するには保有視覚，あるいは白杖や盲導犬を使用する。

②　「近接環境のナビゲーション」のためには，測位精度と信頼性が不十分である。歩道上や道の端かどうかは，保有視覚，あるいは白杖や盲導犬を使用する。

③　現地で経路をたどるための道具（一般でいうナビゲーションツール）として使用する際には，あくまで補完的な情報源として使用すべきである。Ponchillia ら（2007a，2007b）の実験では，受信状況が比較的よい場合，現在地の同定や目的地への到達などの課題において GPS を使ったときのほうが使わないときに比べてパフォーマンスが良

好であったとの報告もあり，受信状況によっては主たる情報源ともなりうる。そのため，今後，使用する場合には，あらかじめ使用する地域の受信状況について情報収集する必要があるといえる。

④　地図データからポイント情報や経路を検索する仮想ナビ機能は，実際には道を歩かないため，測位精度と関係なく安心して利用できる。日本語版トレッカーブリーズの開発者は，視覚障がい者用ナビゲーションシステムを「地図情報を視覚障がい者に提供するシステム」「地図ブラウザ」とも位置づけている（石川，2005）。今後，地図データに歩道の形態，道幅など「近接環境のナビゲーション」に有用なデータが搭載される可能性も考えられる。

4.2　モビリティエイド

モビリティエイドとは，視覚障がい者の歩行補助具のことであり，白杖，盲導犬（guide dog），および電子式歩行補助具（ETA：electoronic travel aids）が代表的なものとして挙げられる。なお，視覚障がい者の移動様式の一つに誘導歩行があるが，これについては別の成書に譲る（例えば，村上ら，2009）。

4.2.1　白　　　杖

〔1〕定　義　白杖は視覚障がい者の大多数が所持する表面が白い色をした杖である。身体障害者福祉法の補装具種目の中に「盲人安全つえ」として分類され，直丈式と折りたたみ式のものがよく使われる。折りたたみ式は短くできるので，携帯に便利である。直丈式は長さを短くできないが，機構が簡単で，コストが低い。一般的な白杖を図4.2に示す。白杖は握り（grip），柄（shaft），石突き（tip）から構成される。柄はグラスファイバー，軽金属，カーボン，アラミド長繊維強化樹脂など多様な素材が使われている。握りには円筒形のゴム製のキャップが装着され，石突きは強化プラスチックのものが多い。夜間歩行時に白杖の視認性を高めるため柄の全面に反射テープが巻かれている。

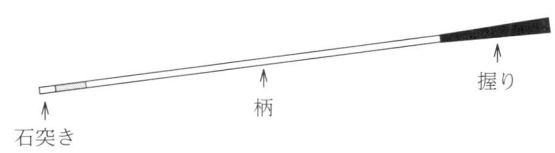

図4.2　白杖の構成

〔2〕沿　革　事故や疾病のために視覚障がいとなった人は昔から存在したはずであるから，世界にはさまざまな形状の杖があったと思われる。リチャード・フーバー（Richard

Hoover）によれば，旧約聖書創世紀27章1節で，視力を失いつつあるイサクが羊飼いの杖を用いて歩いたのが杖の歴史的記述の最初であるという（関，1982）。

日本では，中世・近世に盲人の権威者が持つ「検校杖（けんぎょうつえ）」（全体が精巧な螺鈿（らでん）細工で装飾されている）という象徴としての杖があった（岸，2013）。戦争（日露戦争）で負傷した兵士に軍などから「恩賜の杖（おんしのつえ）」（番号が記されたケヤキの一本杖，朱の漆塗り，紫の房つき，握りと石突きは水牛の角製）が送られた（岸，1984）。越後の「瞽女（ごぜ）」が歩行する際，杖を持っていたという記述が至るところに見られる。杖の色について木下（1939）は，『盲目歩行に就いて』の中で材料の自然の色，塗料を塗るなら地位，身分に応じた色と記述している。

今日，使われている白杖は，1914年（大正3年）に始まった第一次世界大戦におけるフランスの失明軍人を中心に使われたことに始まり（Putnam，1979；戸井，1981），イギリスに広まり，カナダを経て米国に伝わった。

世界で初めて白杖に関する法令が成立したのは，1930年（昭和5年），米国のイリノイ州ピオリアで，翌1931年，カナダのトロントにて開催された国際ライオンズクラブ大会において白杖を視覚障がい児・者の歩行補助具にすることが決議された（芝田，2011）。

第二次世界大戦中に米国で白杖歩行に関する系統だった研究が開始された。フーバーがその仲間のブレッドソー（Warren Bledsoe）とペンシルバニア州，ヴァレー・フォージ陸軍病院（Valley Forge General Hospital）において軽いアルミニウム製の長い杖（long cane）を使う白杖操作法を考案し，視覚障がい者は歩くとき，ひと足ごとにこの杖を左右に振ることで前方の足元の安全を確認することができるようになった（Putnam，1979；戸井，1981）。

日本において法的な視覚障がい者と白杖の記述は，1950年（昭和25年），身体障害者福祉法において視覚障がい者に補装具として白い安全杖の交付が決められたこと，1953年（昭和28年），道路交通取締法において白杖を携行する視覚障がい者への配慮が謳われた（視覚障がい者以外は携行してはいけない）ことであった（関，1982）。

［3］ 役　割　　視覚障がい者が歩行で使う白杖には主として次の三つの役割がある。

① 前方の路面上にある障害物の探知　　障害物の有無を確認し，障害物があった場合，それとの接触，衝突を防止する（図4.3）。また，白杖が物に当たったときの感触や音色でその物の情報も得られる。

② 前方の路面における着地点の安全確認　　下り段差，穴，プラットホーム縁端部など，足元の安全を確認する（図4.4）。また，路表面の性状や傾斜なども探知する。

③ シンボル　　白杖を持つことで周囲に視覚障がい者であることを理解してもらう（図4.5）。

4.2 モビリティエイド　27

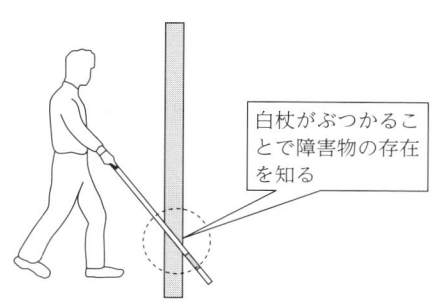

図4.3　前方の路面上の障害物を探知する

図4.4　前方の路面の落ち込みを探知する

図4.5　周囲に視覚障がい者で
あることを示す

〔4〕　白杖の長さと歩幅，および足の運び

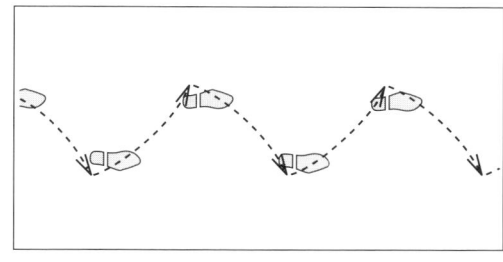

図4.6　フーバー法による白杖の振りと足の運び

ユーザーに合った長さの白杖で，適切な歩幅および振り方で歩くと，あらかじめ前方の路面の着地点の安全を確認できる。まず白杖の長さは，ユーザーが起立した姿勢で白杖を体側にそって立てたとき，白杖の一端が脇の下に届く長さが一つの目安となる。歩幅については極端に狭くも広くもなく，普段の歩容を意識する。足の運びと白杖の振り方はフーバーによって提案された方法（フーバー法）が用いられ，右足を踏み出すときに白杖先端を左へ振り，次に左足を踏み出すときに右へ振るようにする。以上の手続きに基づいて白杖を振り，歩行した様子を描いたものが図4.6である。着地点があらかじめ白杖の先端で走査されているのがわかる。一方，白杖が長かったり，歩幅が狭かったりすると，着地点の安全を事前に確認できなくなる（図4.7，図4.8）。

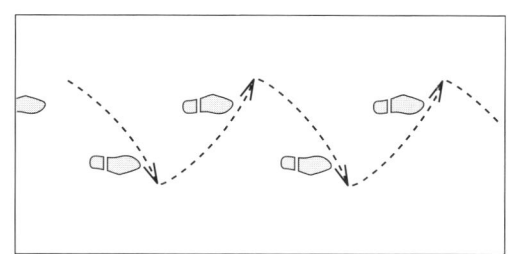

図4.7　長すぎる白杖を使った場合

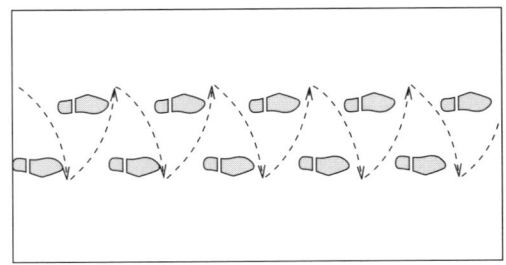

図 4.8　歩幅が狭すぎる場合

[5]　**石突きの種類**　白杖が路面と接する部分を石突きと呼び，路面との滑りをよくし，そして路面のざらつき，凹凸，硬さ等の情報をユーザーに知らせる役割を負う。現在，石突きは，スタンダードタイプ，ローラーチップ，およびパームチップ（機能性石突き）の三つが主流である（**図 4.9**）。スタンダードタイプは円筒形で，ペンシルチップとも呼ばれる。低価格のため，これを使うユーザーは多いが，細いので路面とのひっかかりも多い。ローラチップにはベアリングが内蔵され，石突きが回転するので，路面とのひっかかりは少ない。パームチップは最近の開発品で，白杖の柄との接続部分に特殊なゴムが使われているので，小さな段差に石突きが接触したとき，その衝撃が緩和されるような構造になっている。

（a）スタンダードタイプ　　（b）ローラーチップ　　（c）パームチップ

図 4.9　石突きの種類（写真提供（a,b）(有)ジオム社，(c) テイクス社）

[6]　**操作方法**　白杖の操作方法には，2 点接地法（トゥー・ポイント・タッチ・テクニック，two point touch technique）と常時接地法（コンスタント・コンタクト・テクニック，constant contact technique）が知られている。

（1）　**2 点接地法**　白杖はへその前に構えた手首を支点に左右均等に弧を描くように振り，振り幅は肩幅よりやや広めが基本である。このとき，石突きを路面から浮かして振り（弧の中央で路面から 3～5 cm），左右両端で石突きが路面に接触する方式を 2 点接地法（**図 4.10**）という。2 点接地法は主に前方の路面上にある障害物（柱状物体や壁状物体など）を探知するのに適している。

（2）　**常時接地法**　常時接地法は 2 点接地法とは異なり，石突きを常時路面に触れたまま左右に振る方法である（**図 4.11**）。常時接地法は，特に未知の場所で，路面の状況をよ

4.2 モビリティエイド　29

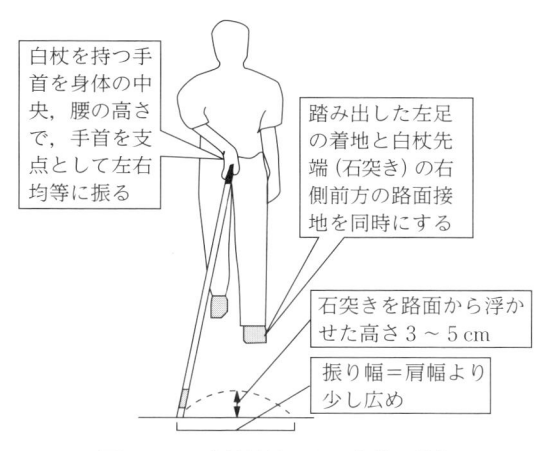

図 4.10　2 点接地法による白杖の操作

り詳細に知りたいとき，路面の落ち込み（下り段差や階段，ふたのない側溝など）を見つけるときや落ち込み部の端を伝い歩くのに適している。

常時接地法の変形として，タッチ・アンド・スライド法（touch and slide technique）とタッチ・アンド・ドラッグ法（touch and drag technique）がある。前者は石突きを路面から浮かして右側（左側）に接地させた後，すぐ左（右）に戻さず，石突きを路面に触れたまま前に滑らせる。その後，石突きを路面から浮かせて左側（右側）に振り，ふたたび石突きを路面に触れたまま前に滑らせる（図 4.12）。前方に下りの段差や階段があることを知っており，その降り口の場所を探知する際にこの方法は適している。後者は，石突きを右側（左

図 4.11　常時接地法による白杖の操作

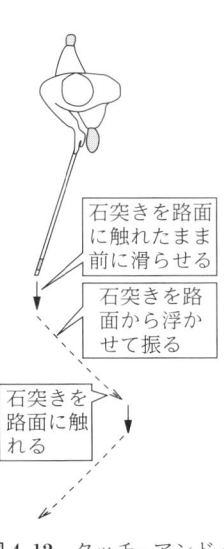

図 4.12　タッチ・アンド・スライド法

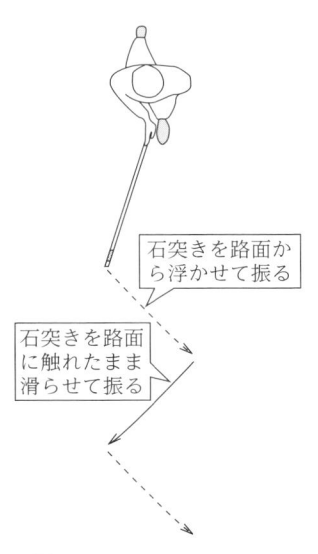

図 4.13　タッチ・アンド・ドラッグ法

側）に浮かして振って接地させた後，石突きを路面に触れたまま左側（右側）に滑らせて振る（図4.13）。進行方向の一方に下り階段の降り口があることを知っており，その至近を通過して，さらにその先に向かわなければならない場合，この方法で階段口を探知し，それを手がかりにして直進する。

〔7〕限　界　白杖で走査できる空間は実効的には限定されたものであることを明記しておかなければならない。すなわち，視覚があれば近傍から遠方までの路面状況やその周囲を広範にとらえられるのに対し，白杖では体前面の限られた範囲の路面凹凸や進路上にある障害物を粗く検知できるにすぎない。さらに，通常の使用では上半身がまったくカバーされていないという問題がある。

4.2.2　盲　導　犬

〔1〕定　義　盲導犬は，身体障害者補助犬法（2002年，平成14年施行）で認定された特別な訓練を受けた犬で，ハーネスをつけて視覚障がい者と一緒に歩く犬をいう（図4.14）。道路交通法（1978年，昭和53年施行）や身体障害者補助犬法の定めにより，公共施設や交通機関をはじめ，飲食店やスーパー，ホテルなどさまざまな場所に同伴することができる。日本では盲導犬種として，ラブラドール・レトリーバーやゴールデン・レトリーバー，およびそれらの交配種（1代雑種）が用いられている（日本盲導犬協会，2013）。

図4.14　ハーネスをつけた盲導犬とユーザー

〔2〕沿　革　古くは紀元前百年のころ，盲目のドイツ王が，盲導犬を所有していたとされていた。また，ポンペイ遺跡の壁画には盲人と思われる男が犬に引かれて市場を歩く姿が描かれている。6世紀には，盲目の聖ヘルブが白い小型犬に導かれてフランスのブルターニュ地方を巡ったといわれている。さらに13世紀の中国の絵画にも盲人を引いて歩く犬の絵が描かれている。15世紀以降は，レンブラントなどの画家も犬を連れた盲人の絵を数多く残している（Putnam，1979；戸井，1981）。

現在のように盲導犬として科学的，組織的に訓練されるようになったのは19世紀に入ってからのことである。本格的に系統だった盲導犬の訓練が開始されたのは第一次世界大戦中のドイツ，オルデンブルグ盲導犬学校で，急増した戦傷失明者を社会復帰させるためであった。年月を経てドイツの訓練学校の成功が赤十字に認められて世界に広まるきっかけとなった（平野，1997）。

米国ではドロシー・ハリスン・ユースティス女史の貢献が大きい。同女史は，スイスで赤十字や警察のためにシェパードの繁殖，訓練を行っていた。盲導犬に興味を持ちドイツのポ

ツダムにある盲導犬訓練所を視察して大変感銘を受け，その感動を米国の週刊誌に発表したところ，記事を読んだ一人の盲青年から盲導犬を入手したいとの手紙をもらった。それがきっかけとなり，ユースティス女史らは 1929 年（昭和 4 年），米国ニュージャージー州のモーリスタウンにシーイング・アイ盲導犬学校を設立した（葉上，2009）。

　日本では 1887 年（明治 20 年）発行の『独訓盲書』に盲導犬に関する記述がある（平野，1997）。それからときが経ち，1938 年（昭和 13 年），一人の盲大学生ジョン・フォーブス・ゴルドン（27 歳）が盲導犬（シェパード）を連れて世界一周の船旅の途中で日本に立ち寄り，2 週間滞在した。日本には当時まだ盲導犬はいなかったこともあり，その頼もしい誘導ぶりが衝撃と感動を与え，これが日本で盲導犬育成が始まるきっかけになった。ゴルドンは米国のシーイング・アイ盲導犬学校の設立初期に訓練を受けた一人だった。1939 年（昭和 14 年），ドイツから 4 頭の盲導犬（シェパード）が日本に輸入され，日本での訓練を経て失明兵士に渡された。その後，ドイツからの輸入犬と日本の軍用犬を掛け合わせた千歳が生まれたのを初めとして，10 頭程度の和製盲導犬が完成した（葉上，2009）。そして，1957 年（昭和 32 年），戦後初の盲導犬チャンピイの誕生（塩屋，1981）を経て，本格的に盲導犬の育成が始まることとなった。

〔3〕 役　割　　盲導犬の最も重要な役割は，ユーザーの安全なモビリティを支援することである。盲導犬の仕事として次の六つを挙げることができる（東日本盲導犬協会，2013；塩屋，1981）。

① 道の左端を歩く。
② 障害物をよける。
③ 十字路など，道の角でとまる。
④ 階段など段差の手前でとまる。
⑤ ユーザーの指示した方向に進む。
⑥ 利口な不服従。

「利口な不服従」とは，ユーザーの指示があったとしても，それがユーザーの安全を脅かすものであれば従わないことを指す。例えば，ユーザーが道路横断を指示しても，車が接近していれば，それに従わず，安全な横断が可能になるまで，その場で待機する。

〔4〕 効果と限界　　現在わが国において，実働している盲導犬の数は約千頭といわれている。盲導犬を育成するには，犬の素質の見極めから始まり，厳しい訓練を経なければならず，そのコストは相当なものとされ，簡単に増やすことはできない状況にある。

　また，エリートとされる盲導犬でも，安全なモビリティには貢献するが，オリエンテーションについては無力であることに注意を払っておく必要がある。つまり，「A 駅まで行きなさい」と盲導犬に指示しても，連れて行ってはくれない。駅までの道順はユーザーが把握

していおき，盲導犬に指示を出さなければならない。盲導犬は角や段差を見つければそこで停止するだけである。その後，どちらに行くかはユーザーが指示しなければならないのである。

しかしながら，白杖による単独歩行に比べれば安全性は高く，安心感も大きいとされる。盲導犬歩行時と白杖による単独歩行時の心拍数を比較したところ，前者のほうが低かったという報告（Shimizu et al., 1986）はそれを物語っている。また，盲導犬のユーザーの中には，盲導犬と歩くときの，開放感，安心感を口にする人が多い（Koda et al., 2011）。盲導犬が近接環境のナビゲーションの負担を減少させていると考えられる。

なお，盲導犬はモビリティエイド以外に，コンパニオン・アニマル（仲間，友達，連れ）としての側面も有しているが（Frank et al., 2010），本書では深く立ち入らない。

4.2.3 電子式歩行補助具

〔1〕沿革　白杖の欠点や限界を克服するために，電子技術を用いて障害物検知あるいは環境認知を行う装置が開発され，それらを総称して電子式歩行補助具（ETA）と呼んでいる。

ETAの歴史は19世紀の終わりごろにエレクトロプサルム（Elektroftalm）という装置がヨーロッパで開発されたという記録にまでさかのぼるが，現在のETAにつながる装置の開発は第二次世界大戦中に米国で始められている。その後，数十種類のETAが開発されたが，評価に耐えて残っているものは現在数種類に過ぎない。しかしながら，その使用を街中で見ることはほとんどない。

〔2〕役割　多くのETAでは，レーザー，赤外線，超音波などを対象物の検知に用い，ユーザーにはその結果を振動あるいは音響で保有感覚に伝達する方式がとられている。ETAはその特性別に2種類に分類される。一つは，障害物検知や進路探知をするものであり，障害物が移動進路の方向にあるとその存在や向きを知らせるものである。もう一つは，さらに情報量の多い環境認知型で，最近の代表的な製品であるK'sonar（図4.15）は超音波の送受信により，前方の物体までの距離を軽量の開放型ヘッドフォンから音の高低で与える。さらに，超音波の放射角度が狭いので，物体の方向も容易に把握でき，さらにその音色で表面の性状もわかるとされる（Roentgen et al., 2008）。

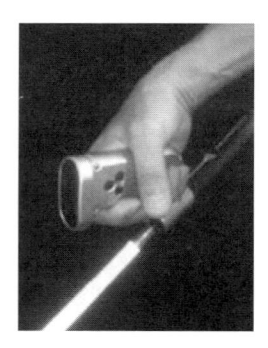

図4.15　K'sonar（写真提供：BAT Japan）

また，音声で情報を与えるトーキングサインというシステムも開発されている。このシステムは，電子ラベルと携帯型レシーバから構成され，電子ラベルは建物の出入口などに設置され，「ここはコンビニです」などの案内メッセージを赤外線信号で送信する。携帯型レ

シーバは電子ラベルから発信される赤外線信号を受信して音声に再生し，ユーザーは案内メッセージを手元で聞くことができる．赤外線の指向性を生かして，目標物（電子ラベル）の方向探知（方向定位）がしやすい，また手元のレシーバで音声を聞くことができ静かであるなどの特徴があるので，ショッピングモールにおける商店の場所案内などに適している（Bentzen, et al., 1995）．

〔3〕 **限 界** 長年ETA開発の努力が試みられたが，それが白杖に比較されるような普及をみないのはコストや重量，見栄えの問題だけにとどまらないと思われ，以下に挙げるような要因が考えられる（田内ら，1995）．

（1） 単独歩行中の視覚障がい者がETAに頼らなければならない状況は移動全体の中の一部に過ぎず，まれにしか使用しない道具を携帯したり，スイッチのON/OFFを行ったりすることは煩わしさとともに自然な歩行の流れを著しく妨げる．

（2） ETAは触覚や聴覚などの保有感覚を経由して環境の情報を伝達するが，ユーザーのほうではこれらの情報をデコードして視覚的情報に読み替えるため，視覚と同様の処理速度と処理量が得られ難く，その間，移動その他の行動が妨げられる．特に，中途視覚障がい者には顕著と考えられる．

（3） ETAの出力が触覚や聴覚を経由して入るため，環境からの触覚的，聴覚的情報と干渉する．

（4） ETAを視覚代行器として使う場合，触覚と聴覚的情報だけでは脳内における環境情報再現時の忠実性が視覚に比べて劣り，再現性を上げる工夫として情報量を増大すればユーザー側の情報処理チャネルの飽和や処理時間の延長を招く．

過去に開発されたETAのほとんどが常用されないのはETAからの情報がオリエンテーションとモビリティに貢献する割合に比べて，その処理に要する負荷が大きすぎるという可能性が挙げられる．視覚障がい者は保有感覚から得る情報を最大限に使用して環境把握に努めているため，それを完全に補償しうる質の高い情報が得られなければETAに依存することは難しいであろう．

しかしながら，ユーザーの単独歩行時の情報処理特性を踏まえ，ETAの使用を特定環境内，あるいは特定目的に限定すれば，使用に耐えるETAの開発は可能であると考えられる．

第5章
移動を支援する環境

5.1 視覚障がい者用の移動支援設備が必要な理由

　視覚に障がいのある人の受障時期をみると，圧倒的に成人後が多い。つまり，ほとんどが中途視覚障がい者である。視覚に障がいがあると，一人で移動するのが困難になるが，以前は早期であれば盲学校などで同じ障がいのある先輩や先生がアドバイスや情報をくれたはずであり，今のような歩行訓練士（視覚リハビリテーション専門家）によるOM訓練がなくとも，時間をかけて練習したに違いない。しかし，中途で視覚障がいになった場合は，リハビリテーションセンターなどで職業やOM訓練を受けることができればよいが，そうでなければ家にこもるしかないというケースが多くいまだにそのような例は少なくないと考えられる。

　歩く場所や歩くための条件が整えば，効率よくOM技能が一定水準に高められる可能性が高いが，わが国において，それはなかなか容易ではないのが現状である。特に移動する環境に関する適切なアドバイスをもらえる人の存在，およびOM訓練を受けるチャンスの提供については量的，質的に劣っているといわざるを得ない。

　しかし，日本の特徴としては，単独で移動する視覚障がい者のための支援設備が他国に先行して発達していたという点が注目される。移動支援設備の発達には，人的支援に慣れていなかった，社会の障がい者の見方に関する転換が遅かったなどの理由が挙げられているが，視覚障がい者の移動における高いニーズを把握して，点字ブロックや音響信号機を考案し，発達させてきた経緯は大切にしていかなければならない。これらによってユーザーは移動の効率性や安全性が高められてきたのは確かである。

　時代が進んで，日本のみ異様とも思えるほど進んでいた点字ブロックの敷設や音響信号機の設置が現在では世界的に珍しいものではなくなってきた。これは，人的支援が主に考えられてきた欧米において，障がいがあっても単独で自由に，自在に人の手を借りなくても移動することの重要性が強く認識され，社会がその支援に向かっていることにほかならない。そのため，現在では，ユーザーや環境の特性を踏まえた製品開発や敷設が盛んに行われるようになってきている。これからは，これら設備の設置者の考えや姿勢もグローバルな観点から問われる時代になってきたといえる。

5.2 視覚障害者誘導用ブロック―点字ブロック―

5.2.1 定　　義

　点字ブロックは視覚障がい者が歩行する路面（床面）に突起を配列したものである。その突起は路面よりも若干隆起しており，足や白杖で検出が可能である。円盤状の点状突起と呼ばれるものと平たく長細い線状突起と呼ばれるものの2種類があり，その形状によって提供する情報が異なる。点状は注意喚起または警告を標示し，また線状は移動方向に関する情報を与える。

5.2.2 沿　　革

　最初の点字ブロックは1965年に，日本の発明家であった三宅精一と視覚障がいを有していた日本ライトハウスの岩橋英行らによって開発された点状突起を有するものであった（図5.1）。点字ブロックという名称は，最初に作られたものが，高さ約5 mm，上部の直径25 mm程度の円盤状の突起を30 cm角のコンクリートブロックの辺に平行に配列（横7列×縦7列）したものであり，その見え方が点字を連想させることに由来すると思われる。また，ブロックと呼ぶのは，当時の歩道の敷石に30 cm角で厚さが5 cmほどのコンクリート等の素材の塊（ブロック）を用いていたためで，その後，点字ブロックは固有名詞として薄いタイルの上に突起をつけた物でも，また突起を単体のピンとして床面等に固定したものに対しても用いるようになった。

図5.1　最初の点字ブロック　　図5.2　点状と線状ブロックによる誘導路

　点字ブロックが最初に設置されたのは横断歩道の手前の歩道上（横断歩道渡り口）であった。なぜそのような場所が選ばれたかは，視覚障がい者にとって歩道と車道の境界がわからないと，信号待ちや自動車の通行待ちをする際に車道に出てしまうなど，きわめて危険な状況が生じるためであった。一方，点字ブロックが開発された当時は，切り下げ縁石がいまだ導入されていないところも多く，横断歩道手前に大きな段差が存在している場合があった。

そのようなところでは点字ブロックは横断歩道の存在や横断位置を示すのに役立っていた。その後，点状ブロックの普及が進み，視覚障がい者の移動支援にとって重要な設備であるという認識が高まり，1975年には点状ブロックに加えて細長い突起を平行に配列し，進む方向を示す線状ブロックが新たに製作された。点状ブロックは警告ブロックとも呼ばれるように，視覚障がいがある歩行者にとって危険があると思われる場所，例えば横断歩道渡り口，鉄道駅プラットホーム，階段上部に単独で設置されるものであったが，線状ブロックの開発によって点在して存在していた点状ブロックの「島」が線状ブロックによってつながれるようになり，ここに点字ブロックは視覚障がい者が移動する際に利用する連続的に敷設された誘導用装置，すなわち「道」という概念が生じるようになった（図5.2）。現在では，特に危険が高いと考えられる鉄道の駅舎において出入り口からプラットホーム上まで系統的かつ連続的に敷かれるようになった。

線状ブロックの開発によって点字ブロックを移動の連続的手がかりとして用いるという新しい使用法が生まれたため，点状ブロックと線状ブロックを組み合わせて，誘導路の曲がり角や分岐等を示すための敷設方法に関する検討もされ（日本道路協会，1985），現在の点字ブロック敷設の基礎が固まった。線状ブロックはその線の方向が進むべき方向を示しているため，誘導用のブロック，すなわち誘導ブロックと呼ばれる場合もある。また点状ブロックは警告を表すのが主な機能であったが，誘導路の途中に挿入して使う用途が生じたので，注意喚起用ブロックとも呼ばれるようになった。

5.2.3 機　　　能

点字ブロックは歩行面（路面，床面）に設置し，足底や白杖でその存在を触覚的に検知したり，突起の形状を認知したり，2種類の突起間の識別を行うことによって情報を得て移動時の安全を確保したり，移動の容易性を高める装置である。

点字ブロックは全盲者だけでなく，条件がよければ視覚的にも点字ブロックが検出できるロービジョン者も利用する。その場合には，視覚的な配慮，すなわち設置路面との明暗や色彩のコントラストが重要になる。

現在の日本において標準化された点字ブロックは，主に足底での利用を前提に試験がなされたものである。突起の高さも屋外のさまざまな路面環境においても検出できるように5mm以上を確保している。しかし，色や設置路面との間の明暗コントラストについては研究結果が反映されていない。詳細は次項で述べる。

5.2.4　ガイドラインおよび規格化

〔1〕　ガイドライン　　日本における点字ブロック敷設のためのガイドラインは大きく二

つに分かれる。一つは旧建設省の関与による視覚障害者誘導用ブロックの設置指針（日本道路協会，1985）で，主に歩道を想定した敷設のガイドラインになっている。さらに建設省では建築物の構内，外および建物内を対象としたハートビル法に基づく敷設のガイドラインも存在していた。もう一方は，旧運輸省の関与による旅客ターミナル，主に鉄道駅舎や鉄道プラットホームにおける敷設の手引き（運輸省，1983）に端を発する流れのものがある。現在は，建設省と運輸省が統合されて国土交通省になったが，やはり鉄道と道路（歩道等）に関しては違う部局の担当となっている。法律としては2006年に，ハートビル法（高齢者，身体障害者等が円滑に利用できる特定建築物の建築の促進に関する法律）と交通バリアフリー法（高齢者，身体障害者等の公共交通機関を利用した移動の円滑化の促進に関する法律）が一本化され，バリアフリー新法（高齢者，障害者等の移動等の円滑化の促進に関する法律）となって道路，建物，鉄道等が一つの体系にまとめ上げられたが，ガイドライン等はやはりそれぞれに分けて利用されている。

　このように，点字ブロックの敷設は，道路，建物の構内・構外，鉄道駅等の敷設箇所によって大きく分かれ，共通点もあるが設置する環境の構造的な特徴もあって独自の考え方や敷設法が必要な場合がある。それぞれに，どのような点字ブロックが適切か，またどのように敷けばよいかについては，最初に点字ブロックが敷設された歩道については実験等により実証的に検討が行われたが（岩橋，1983），ほかについては系統的な検討が行われてこなかったという経緯がある。また，歩道についても，データが文献として詳しく記述されたものが残っているわけではない。そのように点字ブロックの選定や設置に関する設置指針が整備されていない中，非常に多様性の高い現場での設置において問題が発生するであろうことは容易に想像できる。おおむね典型的な配置例が示されているのみで，かつ示されている設置方法の根拠が明らかにされていなければ，環境の制約も影響して多様で統一性のない敷き方になってしまう。それでは最適とはいえないばかりでなく，利便性や安全性についても問題のある設置が行われてしまう可能性がある。

　このようにガイドラインの内容や規格の整備が伴っていなかった事情もあって，点字ブロックはその突起形状，サイズや配列のみならず，歩行現場での敷き方についても多様化が著しく進んだ状況が進行した（図5.3）。そのため，点字ブロックの規格化への願望はユーザーのみならず設置者からも出ていたが，数多くある点字ブロックの亜型（サブタイプ）の中からどれを選択するのが最適かに対する答えを誰も持ち合わせていなかった期間が長く続くことになった。

〔2〕　規格化　　そのような中，1991年にオーストリアから点字ブロック（音響信号機も同時）に関する国際規格の委員会原案（CD：Committee Draft）が国際標準化機構（ISO：International Standard Organization（日本ではイソ，あるいはアイソ，アイエスオーと発音

5. 移動を支援する環境

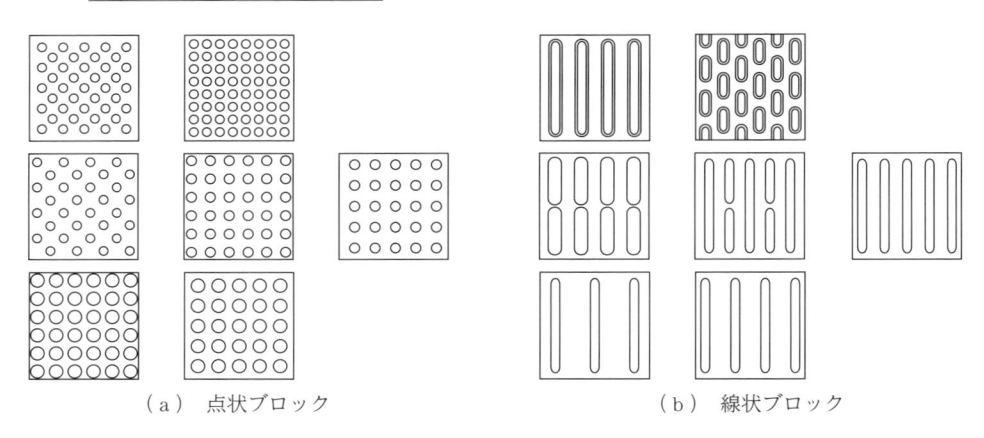

（a） 点状ブロック　　　　　　　　　　　　（b） 線状ブロック

図 5.3　さまざまなタイプの点字ブロック

する））から同作業委員会（WG：Working Group）のメンバー国でもあった日本に届けられた。その当時，点字ブロック敷設が歩道や鉄道駅等に実際に普及していた国は日本が最も顕著であり，ついで英国で歩道を主体に，またフランスで鉄道駅プラットホーム主体に敷設が進められているなど，国際的には敷設の黎明期といえる状態であった。日本としては問題をかかえているにせよ，国外から一方的に標準が決められることに対しての危機感が生じ，投票においてはコメントをつけて「否」を唱えることとなった。その後，何度も国際会議が開かれたが，ISO のメンバー国をはじめ世界各国で点字ブロック開発と敷設が進められつつある状況で，なかなか着地点が見出せずにいた。日本は点字ブロック開発国であり，敷設量も多いが，現状を維持させ，かつ発展させるためには，国内標準を持っていないという弱点をカバーすることが国際標準に日本の考え方を入れるためにも必要な状況であった。

　そこで，日本としては点字ブロックの国内標準化に踏み切るとともに，そのデータを基礎に国際標準化においてもリーダーシップを取っていくことが課題となった。日本工業規格（JIS：Japanese Industrial Standard，ジスと発音）で規格作成をめざすことが 1996 年に決定され，そのためには綿密な研究を実施することが必要と考えられた。通商産業省（当時）が標準基盤研究のテーマとして取り組みを開始し，日本工業標準調査会医療安全用具部会に，「視覚障害者誘導用ブロックの標準基盤研究推進専門員会（委員長：末田統）」，製品評価技術センターに「視覚障害者誘導用ブロックの標準化に関する測定技術確立委員会（委員長：田内雅規）」が設置され，標準化のための基盤研究が 1997 年から開始され 1999 年まで続けられた（通商産業省，1998，2000）。その基盤研究では，既存の点字ブロックを比較するというものではなく，点状および線状ブロックの双方について，突起の高さ，大きさ，間隔等を系統的に組み合わせて効果を調べる客観性のある科学的研究とした。これは，障がい者の設備等に対して科学的研究を行う必要があることを示す範とするためと，客観的データが国

際標準策定において日本の強力な武器になると思われたからである。障がい特性や属性の異なる多様な視覚障がいのある多数の方々を協力者に，点字ブロック上を歩行する際の検出性，点と線状突起の識別性，線状ブロックと点状ブロックを組み合わせた誘導路における突起切替り判別性および歩行快適性等の観点から徹底した研究が行われた。これによって，ついに日本でも点字ブロックの国内標準（T9251，「視覚障害者誘導用ブロック等の突起の形状・寸法及びその配列」，図 5.4）ができ，それまであったさまざまな点字ブロックの突起形状や配列が本標準化以降は統一される基礎ができた。

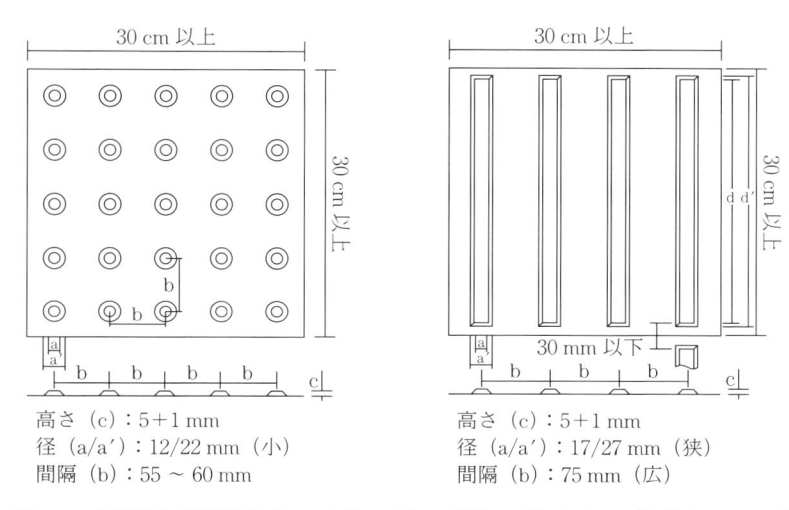

高さ（c）：5+1 mm
径（a/a'）：12/22 mm（小）
間隔（b）：55～60 mm

高さ（c）：5+1 mm
径（a/a'）：17/27 mm（狭）
間隔（b）：75 mm（広）

図 5.4 視覚障害者誘導用ブロック等の突起の形状・寸法及びその配列（JIS T9251）

日本はその結果を国際会議に持ち込み，ISO の早期成立をめざしたが，点字ブロックの国際化（多様化も同時に進行）が急速に進んできたこと，また点字ブロックの突起形状やサイズの問題のみならず，ロービジョン者の利用を考慮した点字ブロックの色や明るさについても焦点になって関心を集めていたものの，残念ながらどの国も数値を決定するためのデータを持ち合せていなかったため，さらに長期化が予測された。そこで，日本ではロービジョン者を対象とした点字ブロックの明るさや色に関するデータを取得し，ISO や新 JIS 作成に寄与するための研究を経済産業省が独立行政法人製品評価技術基盤機構（NITE）に要請して「視覚障害者誘導用ブロック等の視認性に係る標準化業務」が開始されることになった。研究の実施に当たっては，「視覚障害者誘導用ブロック等の視認性に係る標準化推進委員会」（委員長：末田統），「視覚障害者誘導用ブロック等の視認性に係る標準化推進ワーキンググループ」（主査：田内雅規）が当たることになり，研究が 2005 年から 2008 年まで実施され，世界でも類を見ない規模の研究によりロービジョン者の視力や色覚に関する貴重なデータが得られた（三谷ら，2009a，2009b）。ISO では主に日本のデータを元にした合意案が作られ，

1991年からの懸案であった点字ブロックの国際標準が2012年3月1日に正式に発行された（ISO 23599, Assistive products for blind and vision-impaired persons – Tactile walking surface indicators）。日本では，これを受けて上記JISの改訂が行われた（2014年5月20日発行）。

ISOとJISの内容的な違いで特に大きなことは，日本の標準では点字ブロックの主に単体としての形状に留まっているのに対してISOではさらに敷設上の注意や敷設の仕方についても言及されているところである。またISO発行を受けた新JISでは色や明るさおよび敷設法については盛り込まれないことが確認された。

標準化の問題点として，一回これが作られると唯一無二のように取り扱う傾向が出てくるのは残念なことである。特に現代の移動環境，社会環境，科学技術の変化は激しく，また点字ブロックユーザーである視覚障がい者のOM技術や移動に対する考え方も変化していくことを考えると，標準化は発達の一つの段階に過ぎず，定期的に見直していくための基盤とみなすことが大切である。ちなみに国際標準は5年ごとに，また国内標準は少なくとも5年に1回の見直しの機会を設けることが規定されており，それに向けた準備が肝要である。

5.2.5　点字ブロックの設置箇所と敷設法

点字ブロックのうち，点状ブロック（警告，注意喚起用）が設置される箇所は，わが国では主に横断歩道の渡り口（図5.5），鉄道駅プラットホーム，階段の上り口，下り口である。線状ブロックが点状ブロックについで導入された後，誘導路すなわち「路」という概念が新たに生じ，点字ブロックの歩道上の誘導路ネットワーク，鉄道駅舎内の誘導路ネットワーク，公共建築物内における誘導路ネットワークなど，それぞれでネットワークが形成されるようになってきた。そのようになってくると管轄の違う主体によるネットワーク間の接合や，それぞれのネットワーク間での敷設方法の違いもあり，ユーザーにとっては不便が生じるが，近年の法の統合（例えば新バリアフリー法）等によって徐々に従来のような問題は少なくなりつつある。

図5.5　横断歩道の渡り口における点字ブロックの敷設

点状ブロックによる警告機能というのは点字ブロックの原点であり，そのため現在の世界における点字ブロックの普及状況を見ても敷設が点状ブロックに限られている場合が少なくない。線状ブロックを用いた誘導という概念は日本では当然と受けとめられているが，実は諸外国ではいまだあまり馴染みのない考え方である。しかし今後，国外でも徐々に線状ブロックが普及することが予測されるため，点字ブロック開発と普及を先駆けて行ってきた日本における概念整理と明確化および安全と利便を考慮した敷設法の確立を進めていく必要がある。日本は幅が 30 cm の点字ブロックを敷いているが，諸外国では倍の幅が必要であるという意見が強く，日本でも 30 〜 60 cm の間の幅を環境条件に応じて用いる方向が望ましいであろう。

横断歩道渡り口は点字ブロック（点状ブロック）が最初に設置された箇所であるが，そこに敷設される理由としては，横断歩道渡り口の位置を示すこと，横断歩道と車道の区別を明確にして安全な待機位置を確保することにある。また，敷き方が適切であれば，横断歩道の方向を指し示すことも可能である。市街地の移動では歩道に沿って歩くことと，車道を横断することが必須であり，前者は利便や効率の問題が主であるが，後者は自動車交通の流れを横切ることになるため，限られた時間内に正しい方向に向けて歩行して目標地点に到着しなければならないストレスの高い作業である。現在は交差点コーナーの隅切りの影響で縁石が利用できないため横断目標の方向を示す手がかりが少ない。岡山県では以前から車道に一番近い部分の点状ブロックの一部を線状ブロックに変えて横断方向を示す工夫がなされている。現在，いまだに横断歩道における視覚障がい者の移動支援は万全でなく，点字ブロック，道路横断帯（エスコートゾーン），音響信号機とのコラボレーションが重要となっている。

鉄道駅のプラットホームは横断歩道の渡り口とともに点字ブロックの最も重要な敷設場所であり，視覚障がい者のプラットホームからの転落事故がしばしば起きることを考慮すると，現在の敷き方に対して何らかの反省が必要であることはいうまでもない。現在，いわゆるホームドア等の設置を最善の解決法として対応が進められているが，これが全国的に普及するのはいまだ時間を要する様相である。プラットホーム上の安全性を高めるために，過渡期的には 2001 〜 2002 年に研究開発された「内方線付き点字ブロック」（図 5.6；交通エコロジー・モビリティ財団，2002）の普及も同時にめざす必要がある。内方線付き点字ブロックは，（1）プラットホーム上に敷かれる点状ブロック幅（30 cm）を広げる効果，（2）ホーム縁端部と内側の方向性を示すこと，また（3）ホーム長軸に沿った移動の際に白杖でたどることが可能，という少なくとも三つの側面を持っている。ホームドア等導入の促進は望まれるが，その完全普及が達成されていない現状では，今の点字ブロックの形や敷き方のどこに問題があるのかを追究していくことが真の障がい理解につながると思われる。また，ホームドア等が付けられても，点字ブロックはホーム移動や列車の乗り口を知るために必要

42　　5. 移動を支援する環境

図 5.6　内方線付き点字ブロック

であり，その敷き方についてもさらに検討や統一性が必要である（国土交通省，2010）。

　階段における点字ブロックの警告的標示は下り時の転落予防に対するものが主となる。その意味では階段への点字ブロックの設置は上部のみに必要であり，下部には不要ではないかという議論もある。しかし，現状では階段下部についても下り終わったときに確かに階段が終わったというサインになること，また上るときにも階段の存在と始まりを示すという点で上下部につけることが推奨されている。現在，日本では上も下も階段との間を 30 cm 空けるように設定されているが，国際規格では，下部は間を空けずに階段につけて設置するように規定された。これは，特にヨーロッパのいくつかの国においてロービジョンのユーザーが階段を下りるときに 30 cm の間隙が階段の一段に見えてしまい，点字ブロックまでもう一段あると勘違いして「空踏み」して，転倒や身体に衝撃を受ける事故が多発しているためとされている。日本では長年の間，空けて敷く敷設法が普及し，ユーザーも知識があり，それに慣れているということもあってか，今までそのような原因による転倒事故は報告がみられない。これについては現状を維持するか，問題が起きないなら ISO に準じるか，今後の検討課題と思われる。

　最近の新たな設置場所としては路面電車のホームも挙げられているが，幅が狭いこともあって十分な設置幅を確保することが難しい例も多い。

　今後とも点字ブロックのさまざまな場所における敷設方法や誘導路のネットワーク化を巡って継続的な議論や研究が必要な状況であり，その結果をガイドラインや規格に反映させて安全で便利な敷設方法を考案していくことが望まれる。

5.2.6　今後の課題

　点字ブロックにおいて，その形状や性状，また敷設の仕方は今後さらなる検討のニーズが高い課題である。

現在，点字ブロックで国際的によく議論される事柄の一つに突起の高さがある。世界規模で人口の高齢化傾向が起きているが，同時に増加している歩行杖利用者や車いす利用者が点字ブロック上を通行する際，転倒防止や振動緩和を考慮するべきではないかという議論がある。点字ブロックの国際規格では，4.5 mm まで可としているが，日本の JIS 規格では 5.0 mm 以上 6.0 mm 以内としている。5.0 ～ 6.0 mm という高さはさまざまな路面状況でも点字ブロックの存在を触覚的に確認できるようにするためには必要であるが，設置面の平滑性（表面の平たんさやタイル間目地の狭さなど）が保証されるのであれば，点字ブロックとしての機能を減少させずに他者への影響を減らすことが可能かもしれない。最近，点字ブロックの将来を考慮して突起の高さに関する研究が行われている（中村ら，2008，2009，2011）が，4.0 mm 以上であれば 5.0 mm の場合とほぼ同様の機能性が維持されることが示され，今後の検討の指標になると考えられる。

点字ブロックは滑りやすさに対する対処も必要である。特に坂などにおいて縦断こう配（進行方向の傾斜）と平行に線状ブロックが敷かれている場合，雨などで表面が濡れると歩行者がスリップや転倒する危険がある。そのような場合は，表面に凹凸をつけるなどの方法も考えられるが，あまり過度であると転倒した際に凹凸が皮膚を傷害する場合もあり，気をつけなければならない。そのような場合は，例えば，線状ブロックの線突起を短く断続させて「引っかかり」を増やすなどの方法も考慮されるだろう。2001 年の JIS において採用された線状ブロック形状は線状突起間隔が広がったため自転車のタイヤ等が線状突起間にはまりにくい形状となったが，やはり一定の注意を払う必要はある。点字ブロックはそのユーザー以外の人にとって，歩行や移動の妨げになるという側面を見逃すことはできない。そのため，点字ブロックの形状や敷設法のさらなる工夫に加えて，一般向けに一定の問題があることを報知したり，点字ブロックの色や輝度によって存在をアピールして注意を促す必要がある。

ところで，日本の点字ブロックのうち，点状ブロックはその突起サイズが上面径 12 mm，底面径で 22 mm と世界でも最小となっている。降雪がある国では特に点状ブロックの雪かき機による破損が問題になっているが，日本も例外ではない。特に，JIS 準拠の点状ブロックは突起の小ささのためか除雪の金属製回転ブレードが当たってしまうと突起全体が破壊されてしまうという問題が生じている。サイズ，材質等の工夫が今後必要とされる課題である。

5.2.7 外国における設置状況

5.2.4 項「ガイドラインおよび規格化」でも述べたが，国外でも点字ブロック普及が急速に進んでいる。また国際標準ができたことで，そのうねりはさらに大きくなっていく様相である。国外での設置が日本に比べて遅れていた理由はいろいろ考えられるが，ヨーロッパ，

北米等においては人的支援の存在が大きいと考えられる。しかし国外においても，視覚障がい者が補助を受けずに単独で自由に移動することに重きが置かれ始めており，その際の安全と利便を守ることを点字ブロック等の支援設備に託しているものと思われる。

北米，特に米国では，長らく点字ブロックは鉄道駅プラットホームのみに設置されるものであったが，近年では横断歩道の渡り口にも設置されるよう基準が定められた。今後，カナダ（図5.7（a））も同様の傾向をたどるものと思われる。ヨーロッパでは，英国（図5.7（b）），フランス，ドイツ，スペイン，スイス，オーストリア，スウェーデン等多くの国で点字ブロックが歩道や鉄道駅に設置されているが，国によって使っている突起の種類やサイズがかなり異なっている。スイスやオーストリアでは，点状突起ではなく進行方向に垂直なラインで代替するなど相当な多様性が国の間で認められる。

(a) カナダ（モントリオール，ホームの縁端まで敷設されている。）　　　　(b) 英国（ロンドン）

図5.7　外国の駅プラットホーム上の点字ブロック

視覚障がい者の自立移動における今後の展開を考えた場合，さらに多くの国で点字ブロックの敷設が普及していくことや既設国での充実が図られることが望まれる。その意味では，2012年の点字ブロックに関する国際規格発行で，点状ブロックと線状ブロックが点字ブロックの基本となり，かつその標示方式が日本で作られた単純で理解しやすい方法が取り入れられたということは非常に大きな意義があると考えられる。今後とも，日本における継続的な点字ブロックの形状や敷設方法の改善が世界の視覚障がい者福祉の進歩につながるように進展することが望まれる。

直近では2016年に見直しが行われる可能性のある国際規格に向けて，日本の規格には含まれていない点字ブロック設置路面と点字ブロックの「明暗コントラスト」や「色コントラスト」，また「点字ブロック単体としての望ましい色」に関する取り決めが焦点になることを見据え，検討を進めていく必要があり，関係者の継続的努力が望まれるところである。

5.3 視覚障害者用交通信号付加装置―音響信号機―

5.3.1 定　　　義

音響信号機とは，通常の歩行者用信号機が灯火式で信号の状態を視覚に訴えるのに対して音で聴覚に訴える型の信号機であり，青の「渡れ」の相に音を発生する仕組みになっている。灯火式の歩行者用信号機では青から赤に信号灯が変化する際に青の点滅で「渡れ」の相が終了に近いことを知らせるクリアランスフェーズを設けるが，音響式の場合は点滅の前に音が終了したり，点滅に相当する時間帯に通常とは異なる音を発生したりする。

5.3.2 沿　　　革

現在，灯火式交通信号機の設置数は膨大な数に上っているが，これは 1964 年の東京オリンピックと同時に起こったモータリゼーションの影響といえる。そもそも交通用の信号機はヨーロッパで開発された。自動車の発明やその発展がヨーロッパに端を発することを考えると，それも当然のことと思われる。世界で最初のものとされるのは，1868 年（明治元年）にロンドンの国会議事堂付近に設置されたガス灯方式のもので，警官が手動で制御していたという（Wikipedia, 2013；神奈川県警，2013）。しかし，翌年にガス爆発で死者が出たため，取りやめになった。その後，再び灯火信号が使われるようになったのは電気式になった 1912 年からであり，米国のオハイオ州で設置された。それは，ガス式と同じ赤色と青色を使っていたが，さらにブザーも鳴る方式であった（Wikipedia, 2013）。

日本で最初の電気式信号機は米国から輸入され，1930 年に東京都の日比谷交差点に設置され，緑黄赤の三色表示が使われていたが，現在の表示方式とは異なり，緑色の最後に黄色を同時に点灯していたといわれている（神奈川県警，2013）。また，以前は黄色の信号のときにベルが鳴る仕組みであったが，それは比較的早期に廃止されたようである。

交通信号機は元来自動車交通の円滑化のために作られたものであるが，人が市街地を歩く場合にも，それで安全が向上したであろうことは間違いない。1936（昭和 11）年には歩行者専用の灯火が設置されたようであるが，当然のことながら視覚障がい者にとって灯火ではまったく役に立たないか，あるいは暗くなってからのみわかるという状況が生じてくる。そこで聴覚に訴える方式によって横断歩道を安全に横断できる方法が試みられ，青信号に合わせてベルが鳴るタイプの装置が，1955 年（昭和 30 年 9 月）に東京都杉並区東田町（現梅里）に初めて設置され（神奈川県警，2013），これが日本で最初の盲人用信号設備といわれている。

その後，1974（昭和 49）年末には全国で 388 セットに増えたが，音響を用いるもののほか，振動式も混在していた。音についてもベル音のみでなくメロディー，鳥の声，チャイム

音などさまざまなものが追加され，メロディーだけでも21種に及んだ。

1975（昭和50）年には，普及してきた盲人用信号施設に関する基本的な考え方をまとめる委員会が設置され，視覚障害者用信号装置という名称が用いられた。この委員会は警察庁，日本盲人会連合，科学警察研究所，愛知県警等の委員から構成されていた。この委員会ではユーザーに対するアンケートなどを行い，その結果も取り入れ，スピーカーの設置位置，設置高さ，音量の目安，また用いる音の種類が決められた。音の種類は，鳥の鳴き声は「ピヨピヨ」と「カッコー」，メロディーは著作権が消滅している中から「とおりゃんせ」と「故郷の空」が用いられることになった。

1975年当時は，必ずしも一つの交差点（四差路）で直行する道路が異なる音響を用いるということではなかったが，この委員会の答申以降，「ピヨピヨ」と「カッコー」あるいは「とおりゃんせ」と「故郷の空」の組合せが定着したと考えられる。一方，交差するどちらの道路にどの音を設定するかについては委員会では示されなかったが，東西方向に「カッコー」を，南北方向に「ピヨピヨ」を用いるのが主流になった。もう一つの方法は，主道路（交通量が多い）に「ピヨピヨ」を，従道路に「カッコー」を用いる。メロディに関しては，鳥の鳴き声の場合ほど使い分けは明確ではなかった。

音響信号機の基本は歩行者用信号灯火における青の「渡れ」の相を音で示すものであるが，実は横断歩道をどの向きに渡ればよいのかという情報は提供してくれない。この問題を解決するために作られたのが田内らによって開発された「鳴き交わし方式」の音響信号機である。これは横断歩道の両側に設置された音源から時間差を置いて異なる音響を吹鳴させる方式であり，現在では警察庁による日本の音響信号機の規格となっている。

5.3.3 機　　　能

視覚障がい者にとって道路横断は自動車交通があるために非常に危険であり，それゆえに常に高い心理的ストレス下にあるものと考えられる。そのストレスの原因は横断のタイミングと方向に関して明確な手がかりが得られないことにある。現在わが国の規格である，「異種鳴き交わし方式」の音響信号機はそれらの手がかりを与えるものとなっている（図5.8）。この方式では，まず音で歩行者用交通信号灯火の青の「渡れ」の相を標示することにより，ユーザーに横断のタイミングを与える。このとき同時に，対岸からのスピーカー音によって横断方向を知ることができる。渡り口と対岸のスピーカーは横断歩道の幅の中央に設置することになっており，そのスピーカー対から時間差をつけて異なる音が出力されると，対岸からの音に照準を合わせて横断中も渡るべき方向を維持することが可能である（Ono et al., 1999）。

なお，「鳴き交わし方式」には「同種鳴き交わし方式」と「異種鳴き交わし方式」がある。「同種鳴き交わし方式」では横断歩道両端にあるスピーカーの音量が同じになる横断歩道中

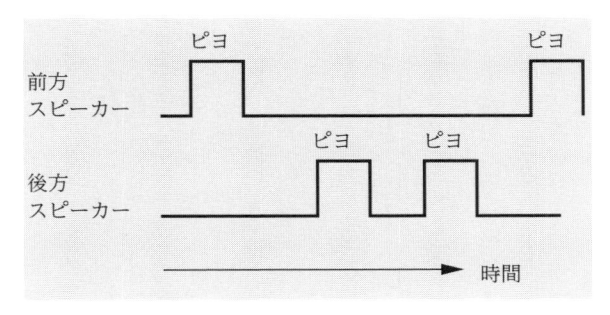

5.3 視覚障害者用交通信号付加装置—音響信号機—

図 5.8 異種鳴き交わし方式において対のスピーカーから出力される音のタイミング

央部で方向を見失う場合があることから，その欠点を補うために横断歩道両側のスピーカーからそれぞれ「カッコー」と「カカッコー」および「ピヨ」と「ピヨピヨ」と異なる音が発せられる「異種鳴き交わし方式」が導入された（警察庁，2003）。

5.3.4 ガイドラインおよび規格化

音響信号機の設置のガイドラインは，1975（昭和50）年の「盲人用信号施設研究委員会報告書」が長らく使われてきた。音響信号機は国内では警察庁の管轄であり，交通信号付加装置 A12 形インタフェース規格として規定されている。国内の音響信号機にはその規格が適用されているが，JIS や ISO などの国内，国際規格とは異なり定期的な見直しは行われていないのが実態である。

点字ブロックの国際規格の委員会原案が 1991 年に提案されたことは 5.2.4 項で述べたが，そのとき音響信号機についても同時に提案がなされていた。その原案やそれに続く ISO の国際会議での検討では，音に対する文化的な違いや環境要因から，日本で用いている鳥の鳴き声の擬音やメロディーは一貫して各国から否定される方向であった。日本の音響信号機の開発と運用は点字ブロックと同様に世界に先駆けて進んでいたと考えられるが，音響信号機に関しては諸外国のスタートもそれほど日本に遅れておらず，国際会議では各国の有する装置の機能と意義について情報交換が行われた。会議では，位置音（押しボタン箱から発せられ，灯火が赤の相のときに鳴る）と歩行音（押しボタン箱あるいは別途設けられるスピーカーから発せられ，灯火が青の相のときに鳴る）の周波数，吹鳴方式，スピーカーの位置・高さ，起動押しボタンの位置，フェイルセーフシステムの組み込み等について検討がなされ，2007 年に国際規格（ISO）となった。ISO における標準化の際に，日本の鳴き交わし方式も標準の 1 方式として加えられることになった。しかし，警察庁規格においては，ISO 規格の反映はいまだほとんど実現していない現状である。

5.3.5 音響信号機の設置箇所と敷設法

音響信号機の設置箇所は横断歩道であり，そこでの設置をどのようにすれば安全で使いやすいものになるかを考える必要がある。

まず，スピーカーの位置であるが，これは図 5.9 に示すように横断歩道幅の真ん中に相当する位置に設置する必要がある。以前は渡り始めるタイミングがわかればよいという発想であったため，スピーカー位置が重要とは考えられていなかった。しかし，それは間違いであり，横断行動を観察したり，利用者から適切な聞き取りを行えば，横断の終盤には対岸のスピーカーを目標にしている例の多いことがわかる。鳴き交わし方式音響信号機の導入に際してはスピーカー位置が非常に重要になるため，スピーカー設置位置が特定されるのも大きな導入の利点である。

図 5.9 横断歩道における音響信号機の
　　　　スピーカーの位置

スピーカーはあまり高く設置しないほうがよい。2.0～2.5 m の高さが望ましいが，日本では商用の小型トラックが歩道に乗り上げるのを許す風土があるため，横断歩道渡り口から侵入して音響信号機のスピーカーに接触することが往々に生じる。ヨーロッパ諸国に多く見られるように自動車が乗り入れないようにボラードを設置することができれば，スピーカー設置位置や高さの制約は減ると思われる。スピーカーを高く設置しない理由は，人間の音源定位のメカニズムに関係している。人は両耳で音を聴取する際にそれぞれの耳への音の到達時間の差や位相差等を利用して音源の場所を特定するが，音源が耳の高さにあるときに差分が最大になり，音源位置の定位精度が向上する。高い位置（頭上）にあると，差分が小さくなって音源を特定することがより難しくなり，誘導効果が減ることになる。

最近，ユーザーへのサービスから音響信号機の音量をかなり大きくする傾向もある。小さすぎる音量では困るが，大きければよいというものではない。なぜなら，音響信号機の周辺にビルなどが多いと反射音が強くなり，スピーカーからの直接音に影響して，音源の定位が悪くなる場合があるからである。そのため，場合によっては対岸の音源とは異なる方向に歩

くことも想定される。また，隣接する交差点の信号音と区別ができない等の不都合も起きてしまう。音響信号機の騒音としての影響も考慮し，適切なスピーカーの向き，高さ，音量に配慮できるように設置者側のユーザーに対する知識の修得が望まれる。

スクランブル交差点等の歩車分離式の交差点における音響信号機の設置は長い間の課題であった。しかし，近年この問題についても検討がなされ（田内ら，2002），方式が統一されて実際に運用されるに至っている。視覚障がい者の多くはスクランブル交差点における斜め横断は望まないので，斜め横断に対応した音響信号機設置の必要性はなく，また設置するとかえって混乱を起こすことも考えられるので注意したい。

5.3.6 今後の課題

日本における音響信号機の普及は非常に進んでいるが，交差点全体のシステムを一つの制御器で統制するタイプであるために規模が大きくなり，ユーザーのニーズに応じて迅速に設置することが難しい。また1種類のシステムのみであるため，設置箇所の交通や道路，建物の状況に応じた対応ができないという問題がある。渡り始めるタイミングがわかれば事足りる比較的短い横断距離の道路では，歩行者用信号灯器の電気信号を利用して作動するシンプルなタイプの音響信号機も今後望まれるであろう。そうすれば，都市計画のネットワークから外れるような場所に居住する個人ユーザーのニーズに応えられるようになるであろう。

音響信号機は環境騒音の問題が常につきまとうシステムといえる。そのため，特に設置箇所周辺の住民に対する影響（インパクト）も考慮しなければならない。そのためには，周辺住民と音響信号機ユーザーのニーズのバランスを図ることを，運用面から，またシステム面からも検討していく必要がある。笑い話のようにいわれることとして，音響信号機ユーザーの通勤・帰宅時間と音響信号機の稼働時間が一致していなかったため，長らく音響信号機が設置されていたことに気がつかなかったということがあるが，考慮が必要である。わが国ではユーザーが起動するタイプの音響信号機が少なく，自動連続作動時と停止時の二相で構成されていることがこの問題の根本にあるように思われる。この問題については，二相のうちの完全に停止している状態を手動操作が可能な相とすることも一つの解決法と考えられる。

夜間は騒音が下がるので押しボタン箱から位置音を出す手動方式を採用することが考えられる。日本では押しボタンで起動する方式が比較的少ないために，押しボタン箱の位置を知らせる位置報知音に対する検討がされているとはいい難い。しかし，世界の主流は連続作動より押しボタン起動方式が一般的であり（New York City, 2013；Transportation Research Board, 2013），日本でもすでに存在している押しボタン箱と位置報知音を改良することで上記の自動連続作動／停止の二相を自動連続作動／手動の二相に変えることは可能であると思われる。

世界の中でも同一交差点内で異なる音種を用いている国は日本以外にはない。これは日本方式の大きな特徴であり，ユーザーには一定の利益をもたらすものと思われる。現在，この方式が世界に普及する傾向は見られないが，ユニークな発想として認められている。しかし，問題を引き起こす面も認められる。それは主に東西と南北で音種を変えていることによって，碁盤目に道路が作られている都市では問題にならないが，方向を変えながら続く主要道が街を貫くようなところでは，同じ道路を歩道に沿って歩いていても音種が変わってしまうことがある。これを不便と感じる向きもあるので，東西と南北で音種を変えている地域であっても主要道では一貫性を保つように運用しているケースもある。このようなことをあたかも設置者のミスのようにいう報道もみられるが，地域のユーザーが決めるべきことであるので，設置者は常にユーザーの安全と利便を考慮した支援設備の設置と運用をするように心がけ，設置記録も残しておくべきであろう。

　現在，国際規格（ISO）では，高齢社会の到来や盲ろう者の利用も考えて振動による信号も併設するように決めている。日本でも過去に振動式が存在したが，設置ポールの位置がわからない，ポールが邪魔になるなどの理由で用いられなくなった。これは点字ブロックと同様に三宅精一の発明によるものであるが，世界に先駆けて作られたこの方式を復活させて，盲とろうの重複者のために設置することを考えてよい時期ではないだろうか。

　騒音対策や誘導目的で指向性スピーカーを横断歩道に利用しようとする試みがある。特に，近年ではコストが下がってきたこともあって可能性が検討されている。赤外線による誘導システムでも問題になったことであるが，狭い範囲でのみ聞こえる音のビームを使った場合，視覚障がい者ではそこから外れてしまうことが少なくない。晴眼者には理解しにくいことであるが，視覚障がいがあるとビームから外れた場合どちらの方向（左右）に外れたかがわからないため，再び音のビームを探すのが大変難しくなる（碇ら，2009）。道路を横断するためには視覚障がい者はさまざまな作業を同時にこなさなければならない。限られた時間内に達成しなければならない道路横断作業中にそのような問題にとらわれると，時間内に道路横断が達成できない事態も生じてきわめて危険である。安易な発想のみに基づく実施に注意しなければならない。

　道路横断帯の節でも述べるが，道路横断中の方向定位に加えて，道路横断前の方向定位も非常に重要である。音響信号機の設置に当たっては点字ブロックと連動させることが推奨されているが，それぞれ設置主体が異なるのでそうなっていない場合も多い。音響信号機と点字ブロックはペアで設置すべきであることは常に考慮するべきである。

　個人ユーザー，ユーザー団体，支援者は，設置に当たっては設置者との話し合いを行うこと，また，設置後の不都合についても協議できる体制を各地域で確立していくことがよりよい移動環境の構築のために重要であることを認識する必要がある。

5.3.7 外国における設置状況

音響信号機は現在，世界各地で利用されている。視覚障がい者の移動支援用設備としては点字ブロックと双璧であるが，ユーザーが明確であり，設置が必要とされる場所も容易に特定されるだけに普及は急速に進みつつある。音響信号機の開発と設置は点字ブロックと同様，日本が世界に先がけて普及させてきたものであり，特に北米への輸出の実績がある。現在では新しい米国規格の音響信号機が設置されているが，今でもときどき鳥の擬音を使った音響信号機に遭遇することがある。ヨーロッパにもそれが導入されたが，現地の鳥の中には音響信号機に用いられる「ピヨピヨ」の擬音と非常によく似た鳴き声の鳥も存在することから適当ではないと評価された経緯がある。

そのようなこともあってか，現在，音響信号機に用いられる世界の音の主流は単純な繰り返し打音になっている。音の選択には国の文化的背景と慣れの問題もあり，選択は容易ではないが，自動車による環境騒音の中でも聴き取りが可能な周波数と音量が必要とされるため，国際的取り決めではそれを満足させることが要求されている。日本では 2003 年の警察庁の規格化以来，異種鳴き交わし方式の信号機が普及し，青の「渡れ」の相を知らせるのみでなく，移動目標を提示する機能を持った方式が用いられ注目を浴びている。現在，同様な方式がカナダのケベック州で用いられている。そのシステムでは短いメロディーが用いられている。近年，音響信号機の普及が進んでいる国は多いが，頻繁に耳にすることが多いという点ではオーストラリア，北欧が挙げられる。そこでは歩行者用信号灯の起動用の押しボタン箱に音響付加装置も組み込む方式が普及し，特に視覚障がい者用と一般用を区別しなくてよいのが理由と考えられる。また，外国製の多くは，わが国と違って制御装置を使う大がかりなシステムではなく，灯火信号機の信号で駆動するシンプルな方式であるのも普及が早い理由の一つと考えられる。しかし，環境に応じて音量や吹鳴時間を細かく制御できる日本の方式も有用であり共存が望ましい。

興味ある外国の方式の一つとして英国の回転コーン方式がある。これは複雑な形状や分岐の多い交差点では音による信号のみでは横断歩道が特定できないため，押しボタン箱の下に回転する三角錐を取りつけて，音ではなく触覚的に対応する横断歩道との関連がつくようにしたものである。振動子を用いることでも同様の効果を得ることができる。振動や回転では一人しか触ることができないが，それが実際に問題になることはないようである。

諸外国の音響信号機の押しボタン箱には横断方向を指し示す触覚的に検知できる矢印やバーを取りつけている例が多い（図 5.10）。この矢印の効果は歩行の初期に限定されてはいるものの，歩行への効果や心理的なストレス軽減には有効と認められるので，日本での導入も考慮されるだろう。

今後，音響信号機は世界的に普及がさらに進むと思われるが，日本の鳴き交わし方式も道

52   5. 移動を支援する環境

（a） スウェーデン　　　　　　　　（b） オーストラリア

図 5.10　音響信号機の押しボタン箱

路横断支援の有効な方法として普及することが考えられる。

5.4　視覚障害者用道路横断帯—エスコートゾーン—

5.4.1　意 義 と 役 割

　視覚障がい者の単独行動において，鉄道駅のプラットホーム上の移動と道路横断は特に困難が大きいものとして知られてきた。ともにオリエンテーションに関する手がかりの乏しいことがその理由である。エスコートゾーンは横断歩道内に設けられる触覚マーカーで，道路横断中に方向の手がかりを与えるものである。いわば，横断歩道内の点字ブロックということができる。通常，視覚障がい者は平行する車両の走行音や信号待ちをしている車両のアイドリング音，まわりの歩行者の流れ，音響信号機の設置されている場合はその信号音などを手がかりに自身の横断中の方向を維持するが，道路が直交していない交差点や幅員の広い道路，あるいはまわりに歩行者がいなかったり，音響信号機のスピーカーの位置が不適切であったりする場合の横断ではそれがかなり難しくなる（大倉ら，1990；Barlow et al., 2010）。エスコートゾーンはそれを解消するための支援設備になる。

5.4.2　開発の経緯と改良

　視覚障がい者の単独移動を支援するために横断歩道内に触覚的な手がかりを用意する方式は，田内ら（1993）によって線状ブロック様の道路横断帯が考案され，高崎市の横断歩道に敷設されたのが始まりである。1997年には愛媛県警と同県視聴覚福祉センターの協力で松山市においてドーム型突起を用いた現在の点状横線型の横断帯が敷設され，その後エスコートゾーンと呼ばれて全国に普及が進んだ（中川，1999；大倉ら，2000；大倉ら，2001）。また，それ以降，標準的な敷設法に関する研究も継続的に行われた（大倉ら，2001；大倉ら，2002；大倉ら，2004；大倉ら，2004；大倉ら，2006）。

5.4 視覚障害者用道路横断帯―エスコートゾーン―

初期のエスコートゾーンは，横断歩道中央部の幅 30 cm の間に，直径 20 mm，高さ 4.5 mm のアクリル製のドーム型突起を横断方向と垂直に 12 粒並べ（突起の頂点間 25 mm），それを 7.5 cm 間隔で敷いたものを基本形としていた（図 5.11）。これを足で踏むと突起が密に配されている部分は線に近い感触が得られ，足底の長軸との交差角から方向の手がかりを得ることも不可能ではない。地域によってはこれを 2 列敷き，60 cm 幅としているところもあった。点状突起を横断方向に対して垂直に並べた（点状横線）理由は，自動車がその上を通過した際の騒音の低減化と二輪車の安全走行にあった。また，7.5 cm という間隔は足のサイズを 24 cm と想定し，常に 3 列分の突起列が足底に当たることを意図して定められた（中川，1999）。

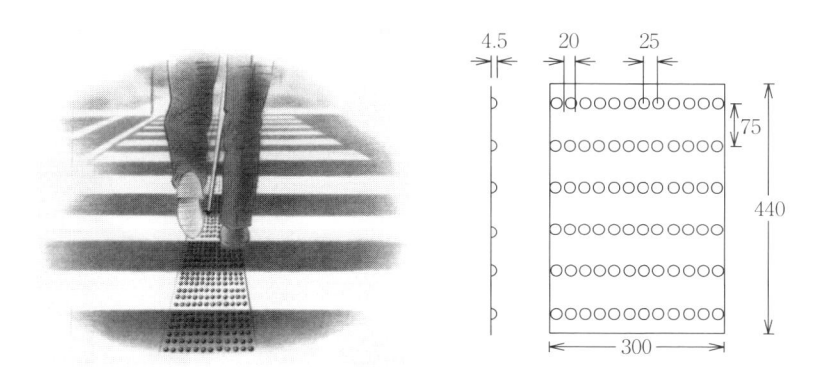

図 5.11 製品化初期のエスコートゾーン（単位：mm）

エスコートゾーンはその有効さがいわば口コミで広がり，全国に普及していったが，構造基準や設置方法などについて公的な検討はされていなかった。2003 年に警察庁が主導して，「バリアフリー社会における横断歩行者の安全確保に関する調査研究」（エスコートゾーン部会長：大倉元宏）が立ち上がり，バイク，自動車，車椅子等の走行安定性への影響，車両の通過時に発生する騒音および耐久性，音響信号機との関連性を踏まえた最適な設置方法について検討が行われた。

その調査研究の中で行われた，全国の警察本部を対象とした調査では 30 都府県でエスコートゾーンの敷設が確認されており，その 8 割近くは点状横線タイプが採用されていた（警察庁，2003）。2001 年の点字ブロックの JIS 制定（規格 T9251）に伴い，エスコートゾーンにも JIS 型の点状突起（ハーフドーム型）が流用されるようになった。この点状突起は，側面傾斜角度が急（45 度）で，かつ突起上面部のエッジ部の周囲長が長いため，足底による検出効果は高いと考えられるが，道路横断帯特有の突起配列によって，歩行者のつまずきや，車いす通過時の振動発生が懸念された。そこで，これらの問題を解決する可能性を持つ

54 　5. 移動を支援する環境

突起体として，ユニバーサルデザインの観点から，5.4.4 項「エスコートゾーンの設置指針」中に出てくる付図2に示す，いわゆるトライアングル型が提案された。これは，JIS 型と同じ底面サイズのハーフドーム形状であるが，その頂上部直径を小さくして，32.5 度の緩やかな側面傾斜部にしたものである。このような形状にすることで，磨耗が進んでも足底にかかる突起の圧力が比較的高いまま維持されるとともに，その緩やかな傾斜角度による，歩行者のつまずきの減少や車いす通過時の衝撃緩和が実現した（田内ら，2005；中村ら，2005）。このとき，さらに突起の配置に関しても検討された。これまでの点状横線型配置では歩行中左右に振られる白杖先端の軌跡が点状横線と平行になり，突起を検出しにくいという弱点があった。そこで，点状横線の両側に点状縦線を加える配置が提案され（付図2），評価の結果，所定の性能が確認された（大倉ら，2005）。以上の検討結果は，エスコートゾーン敷設にかかわる標準化の根拠として採用され（警察庁，2004），道路標示として国家公安委員会規則にも明記されるとともに（高齢者，障害者等の移動等の円滑化の促進に係る信号機等に関する基準を決める規則，平成18年12月8日国家公安委員会規則第28号），設置指針の各都道府県警察本部長宛の通達に結びついた（警察庁，2007）。**図5.12** にこの設置指針に則った現状のエスコートゾーンを示す。

図5.12　設置指針に則ったエスコートゾーン

5.4.3　国内外における設置状況

警察庁（2003）の調べでは，エスコートゾーンは30都府県の512箇所に設置され，その数は1,198であった。そのうち約6割が十字交差点に設置されていたが，スクランブル交差点においても12箇所で設置されていた。設置されている道路は2車線が最も多く，ついで3車線であった。ほとんどすべて（97%）のエスコートゾーンは横断歩道中心部に設置され，歩道上の点字ブロックとの連続性は9割以上の箇所で確保されていた。

エスコートゾーンのような道路横断支援設備はまだ諸外国にはみられないが，米国では，一部の地域にTactile Guidestripsの設置が報告されている（Wardell, 1987）。Tactile Guidestripsは0.6 cm厚の盛り上がった線で，エポキシ接着剤に直径0.6 cm程度の砂利を練り込み，路面に塗布したものである。幅は5 cmで，視覚障がい歩行者は白杖でそれを検知しながら道路を横断する。

5.4.4 エスコートゾーンの設置指針

警察庁は 2007 年 5 月にエスコートゾーンの設置指針を制定した（警察庁，2007）。以下にその指針を引用しておく。

---

1 目的

　　この指針は，道路を横断する視覚障害者の安全性及び利便性を向上させるために横断歩道上に設置され，視覚障害者が横断時に横断方向の手がかりとする突起体の列（以下「エスコートゾーン」という。）の設置に関し，必要な事項を定めることを目的とする。

2 設置場所

　　次の場所に優先的に設置する。
（1）視覚障害者の利用頻度が高い施設（駅，役所，視覚障害者団体等が在る施設，特別支援学校，リハビリテーションセンター，病院，障害者スポーツセンター等の社会福祉施設等）の周辺で，視覚障害者の需要が見込まれる横断歩道
（2）高齢者，障害者等の移動等の円滑化の促進に関する法律（平成 18 年法律第 91 号）における重点整備地区内の主要な生活関連経路に係る横断歩道

3 設置方法

設置方法に関する基準は，次のとおりとする。（付図 1 参照）
（1）横断歩道の中央付近で直線状に連続して設置すること。
（2）末端を歩道の縁石端から 30 cm 程度離すこと。
（3）幅は，45 cm 又は 60 cm とすること。

4 構造

　　構造は，次のとおりとする。（付図 2 参照）
（1）構成

　　突起体と基底面で構成し，突起体の配列は点状横線の両端にそれぞれ点状縦線を一列配置する。
（2）突起体の材質

　　突起体は，耐摩耗性の高い材質とする。
（3）色彩

　　色彩は，横断歩道と同じとする。

5. 移動を支援する環境

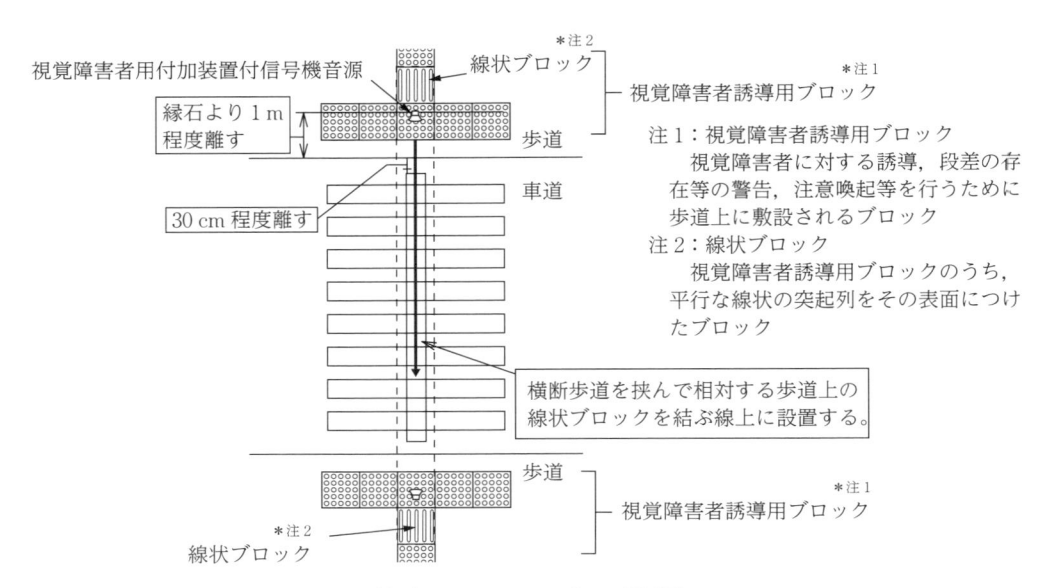

付図1 エスコートゾーン設置図

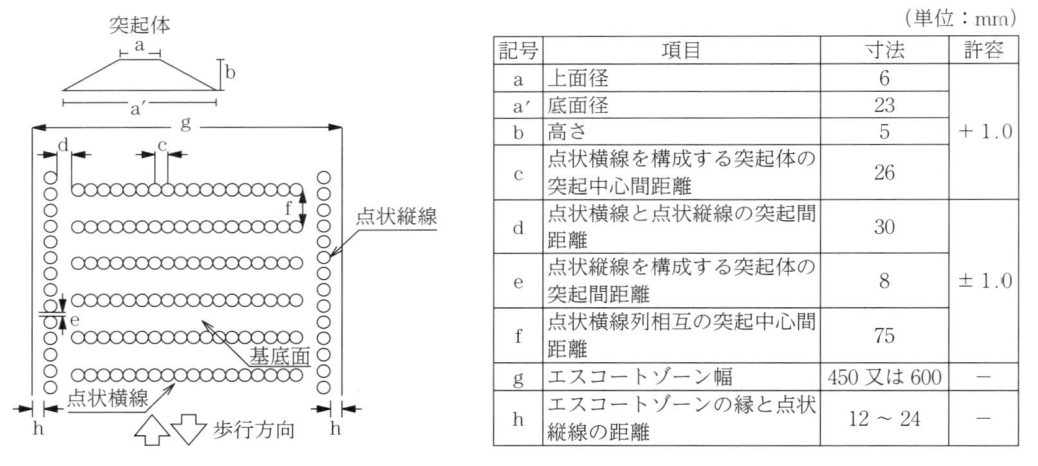

（図中の注記）
- 視覚障害者用付加装置付信号機音源
- 線状ブロック *注2
- 視覚障害者誘導用ブロック *注1
- 縁石より1m程度離す
- 歩道
- 30cm程度離す
- 車道
- 横断歩道を挟んで相対する歩道上の線状ブロックを結ぶ線上に設置する。
- 歩道
- 視覚障害者誘導用ブロック *注1
- 線状ブロック *注2

注1：視覚障害者誘導用ブロック
　　視覚障害者に対する誘導，段差の存在等の警告，注意喚起等を行うために歩道上に敷設されるブロック

注2：線状ブロック
　　視覚障害者誘導用ブロックのうち，平行な線状の突起列をその表面につけたブロック

（単位：mm）

記号	項目	寸法	許容
a	上面径	6	+1.0
a'	底面径	23	
b	高さ	5	
c	点状横線を構成する突起体の突起中心間距離	26	
d	点状横線と点状縦線の突起間距離	30	
e	点状縦線を構成する突起体の突起間距離	8	±1.0
f	点状横線列相互の突起中心間距離	75	
g	エスコートゾーン幅	450 又は 600	－
h	エスコートゾーンの縁と点状縦線の距離	12～24	－

付図2 エスコートゾーン構造図

（4）すべり抵抗

　　すべり抵抗は，設置される路面と同程度とする。

5　留意事項

（1）　エスコートゾーンを挟んで相対する歩道上の線状ブロックは，エスコートゾーンの線の延長上に設置するなど，道路管理者と十分な調整を行うこと。

（2）　視覚障害者用付加装置付信号機と併用する場合は，エスコートゾーンの設置位置

と視覚障害者用付加装置付信号機の音源位置を，できる限り整合させること。
（3）　スクランブル方式の信号交差点における斜め横断用の横断歩道については，設置しないこと。
（4）　突起体の消失，摩耗，変形等が，視覚障害者による検知を困難にすることを認識し，適切な維持管理に努めること。

5.4.5　エスコートゾーンの評価（可能性と限界）

　エスコートゾーンが広がりを見せ始めたころに，歩行訓練士（視覚リハビリテーション専門家）および視覚障がい者を対象に実歩行による評価を実施した（大倉ら，2001）。それによると，横断歩道口でエスコートゾーンの位置と延びている方向の手がかりが希薄であることや横断中に白杖や足底で突起が検知しにくい場合もあることから，初心者が簡単に利用できる設備ではないとされた。しかしながら一方で，慣れた者は巧みにエスコートゾーンを利用し，さらに心理的ストレスも軽減されると報告した。このことからエスコートゾーンは慣れるときわめて有効な支援設備になりうるとの見解が導かれた。また，横断開始当初にエスコートゾーンに乗ることが有効利用のためには重要であることも指摘された。

　エスコートゾーンの設置基準に示されるように，突起の形状や音響信号機のスピーカーの位置が規定されたので，以前に比べれば，突起の検知性や横断歩道口での手がかりは向上したと考えられるが，エスコートゾーンの利用には一定の OM 技能の保有が前提となることを忘れてはならない。横断中にエスコートゾーンを逸脱して戻れなくなっても，ほかの手がかりに切り換えて横断を継続できることが求められる。

5.4.6　エスコートゾーンの維持管理

　エスコートゾーンを構成する突起は樹脂製で，横断歩道内に設置されるため常に自動車等の通行による磨耗にさらされている。磨耗が進行すると検知性の低下につながり，ユーザーの安全性と利便性の観点からみて好ましくない。日本道路協会（1985）では，点字ブロックは，突起の形状や配置を問わず，高さが一部でも 2 mm を下回るようなら補修が望ましいとしてきた。天野ら（2009）と大倉ら（2010）はトライアングル型の突起について，それぞれ目隠しをした晴眼者と視覚障がい者を対象に，突起の高さと足裏での検知性の関係を調べ，高さ 2 mm が検知限界の目安となることを報告した。エスコートゾーンにおいても高さが 2 mm になる前に補修が行われることが望まれる。

5.5 移動支援設備のユーザビリティ

　移動支援設備を利用すると単独移動の効率や安全の向上が期待できることは疑いを容れない経験的事実である。しかしながらこれらの設備は，視覚障がい者であれば誰でも容易に利用できるのかというと，決してそのようなことはない。

　どのような用具や機器においても，その機能や使い方を知る必要がある。点字ブロックや音響信号機は一見簡単に使えると思えるかもしれないが，視覚が利用できない場合には難易度は驚くほど高くなってしまう。

　点字ブロックは視覚的には大きく形状が異なる点と線の2種類しかなく，最近では色も黄色が主流になって背景路面に対して際立って見えることもあり，晴眼者からすると「たった2種類」と思いがちだが，実際はそうでもない。まず，視覚的な顕著さはあまり役に立たない場合が多い。例えば，天気のよい昼間には，明るい色の点字ブロックを視覚的に認識できるロービジョン者でも，薄暮の状態になるとわからなくなり，LED等を使った歩行者用信号灯火は逆に昼間は難しいが，薄暮の状態になると確認できるようになる。視覚による認識が困難になると触覚が利用されるが，目で見た感じよりもその認識は難しくなる。暗闇で点字ブロックを踏むと，晴眼者ではちょっと踏んだだけでは点字ブロックと感じるよりも偶然床面の凹凸の部分を踏んだくらいにしか感じられないかもしれない。実際の利用時には，歩きながら点字ブロックの存在を見つけ出し，かつそれがどのタイプの突起であるかを知らなければならないが，歩行というダイナミックな過程でそれを知るのは容易ではない。さらに，点字ブロックが敷かれてから60年ほど経つが，点字ブロックに点と線の突起があることを知らない人がいまだに少なからず存在する。2種類の存在を知らないのであるから当然，提供する情報が違うことも知らない訳である。このように単純に見える点字ブロックにおいても視覚障がい者に対する情報提供と使い方がよく知られていないと利便と安全を確保するための支援設備が逆の効果になることさえ考えられるわけである。

　また，音響信号機においても，音の鳴っている間が青の「渡れ」の相であると了解されているが，ひとたび外国に行くと音の種類も違うし，赤の信号のときにも結構大きな音がしている。日本の音響信号機であってもその機器の特性や設置環境の影響について知識を積まないと安心して使うのは相当難しいと考えてよい。

　このように考えると，視覚障がい者の移動支援設備に限らず，特に屋外で時間的余裕がなく，環境条件が刻一刻変化していく場面では，通常の福祉用具や機器に増して，「直観に訴えるわかりやすさ」「多義的でない」「過度の集中を要求しない」「失敗からの回復が容易」などの条件が非常に重要であると考えられる。

5.6　移動支援設備の効用

　単独移動を支援する，点字ブロック，音響信号機，エスコートゾーン（道路横断帯）等があることによってどのような利点が生じるのであろうか。これについては，それらがない場合を考えてみるのが理解の早道である。

　例えば，点字ブロックがないとしてみよう。歩道をまっすぐ歩く，曲がり角を知る，注意を払う場所を知る，危険な箇所の存在を知る等々のためには環境の中に存在するものの中から「手がかり」を獲得しなければならない。それを視覚障がい者が自分のみで探索することは容易ではないことは理解に難くない。また，有効な手がかりになるということが判断できる「目利き」がいないと，それを視覚障がい者に紹介することができない。さらに，環境の中に有効な手がかりが必ず潜んでいるかというと，決してそうとはいい切れない。むしろ，ないと考えたほうがよい。そのような場所では，路面のひびやわずかな高低差まで利用することさえある。このようなことを考えると，視覚障がい者の単独歩行は一歩一歩，時々刻々が環境との交渉（ネゴシエーション，negotiation）であり，気を許せる時間はほとんどないといっても過言ではない。そのような意味で，もし点字ブロックがあると歩いている位置や方向の情報が得られやすいので，気を抜いてよいところ，注意を集中すべきところが判別でき，負担は大いに軽減される。第1章でも述べたように，移動は目的を達成するための手段的要素である場合がほとんどであるから，その移動を自由に，効率よく安全に行えるようにするのが肝要であるといえる。手段そのものの心理的ストレスを軽減することは日常生活で非常に重要なことであり，視覚が使える場合に達成できている効率性，身の安全，および低い心理的ストレスを同様に視覚障がい者にも享受してもらうことが移動支援設備の効用といえる。

――― ◆ コラム：科学的であること ◆ ―――

　日本のみでなく世界においても，障がい者の支援に必要なデータの取得が十分科学性を帯びているかというと，最近までそうではなかったといえるのではないだろうか。考えてみるに，障がいといっても多様性があり，例えば視覚障がいでいえば，障がいの程度，障がいの種類，障がいになった時期，障がい後の体験，リハビリテーション等の要素，そのそれぞれに段階的差異が存在している。従来の科学の概念からすると，良質で信頼性のあるデータを取得するために「統制」が必要であり，対象者の質をできるだけ均一にすること，また統計学的信頼性のためには一定数以上の人数の参加があることが非常に重要と考えられている。

そう考えると，どちらかといえば少数者といわれる障がいのある方を一定数集めるだけでも大変であるのに，さらに等質と思われる対象者を集めることはなかなか容易ではない。また，等質の対象者を集めて得たデータでは当該の障がいグループの一部分の特性しか示していないことになり問題がある。そのため，例えば公共の設備の特性を決めたい場合などにおいては，当該障がいグループの範囲（スペクトラム）を考慮して，それをカバーするように対象者を集めてデータを取得する方法が推奨される。この方法は相当の人数を動員する大規模な研究が必須となるため，国家的な規模で事業を行う必要がある。従来は，福祉設備や用具においては効果検証という手法があまり用いられず，委員会の議論で決着することが少なくなかったが，1997年に点字ブロックのJIS化およびISO化に向けた大規模な実験が行われ，その結果を集約して2001年に点字ブロックの突起の形状，サイズ，配列が決められた。それまで数多あった点字ブロックの突起の統一が叫ばれていたが，検証なしに選ぶことは不可能であった。恐らく，この大規模な研究はその後に福祉設備においても科学的検証が必要であるとの認識に対する影響を与え，研究に基づいて決めるという流れが定着しつつある。このような日本の進め方は，福祉設備，用具等の国際標準化においても日本の評価を高めることになっている。

一方，視覚障がい者のリハビリテーションについてはパーソンツーパーソンの形態が多いが，その際にデータを取得するということをあまり行わないため，統一した考え方や方法が必ずしも整備されておらず，視覚障がいリハビリテーションの先進諸国に比べて後れを取っているといえる。科学的な手法として，調査，実験，観察，事例研究などを挙げることができる。実践家においても，今後ますます客観的な手法を修得し，それを用いてデータの蓄積を行い，報告を重ねていくことが，日本の視覚障がい者リハビリテーションの底上げにつながるのではないかと考えられる。

第6章
移動環境とリスク

エイドを含むOM技術を身につけ，支援設備が整備されたとしても，なお，移動に際してリスクは常に存在する。特に，道路横断と駅プラットホーム上の移動においてリスクが大きいことが知られている。ここでは，視覚情報を得られない歩行におけるいくつかの特性を説明し，道路横断と駅プラットホーム移動時のリスクとの関連を解説する。

6.1 OMにおけるいくつかの行動特性

OMを情報伝達の面からみれば図6.1のような閉回路を形成していると考えられる（田中ら，1977）。移動というタスクが指示されると，保有感覚器官によって集められた環境情報を統合して空間を認知し（オリエンテーション），運動機能に指令を発する。運動機能によって移動がなされる（モビリティ）とそれに応じて新たな情報が保有感覚器官に入力される。この回路の出力が実際の移動行動として具現するが，その行動に関していくつかの知見が得られている。すなわち，偏軌傾向，スクウェアオフと慣性力の影響，音源定位やエコー定位による空間認知，音響・音声情報に基づく意思決定，記憶依存性，高い心理的ストレスなどである。そして，この回路のどこかに破綻があるとリスクに直面することになる。

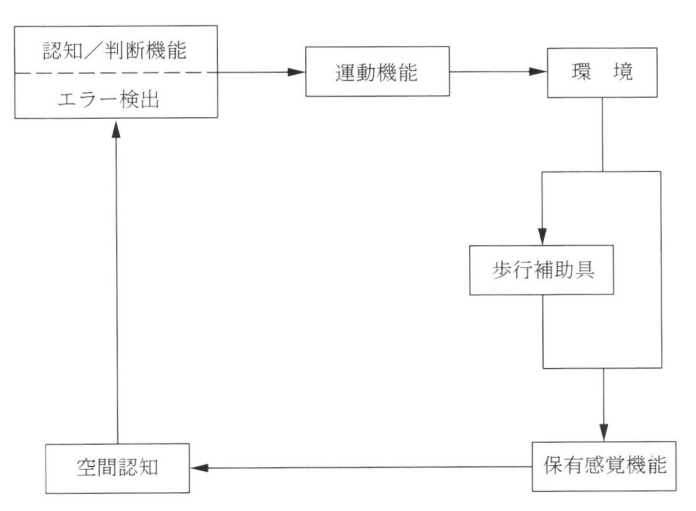

図6.1 OMにおける情報伝達の流れ

6.1.1 偏軌傾向―なかなかまっすぐ歩けない

視覚情報をもたない人が，ある地点から数メートル以上離れたほかの地点へ直進する場合，実際の歩行軌跡は左右どちらかに必ず曲がってしまう。これは偏軌傾向（veering tendency）と呼ばれ，視覚情報が得られない歩行固有の現象である。偏軌の発生機序に関して，GuthとLaDukeの文献調査（1994）によると，そもそも生物体はらせん移動メカニズムを有しており人間も例外ではないとするもの，左右の脚の長さや脚力の違い，利き手，利き目などの生物力学的な要素が影響するとするもの等の説が唱えられてきたが，同一人が同じ場所を複数回歩行した場合，常に同じ方向に偏軌しないことから，らせん移動メカニズムや生物力学的な要素では説明できないとしている。図6.2は単独行動経験の豊かな視覚障がい者の直線歩行時における軌跡を示したものである（Tanaka et al., 1988）。実験は防音半無響のモビリティラボラトリ（田中ら，1985）で行われた。実験参加者には一側の壁中央を出発点として直線歩行を求めた。結果は図にみられるように，一様に進行方向右側への偏軌が認められた。偏軌の原因がらせん移動メカニズムや生物力学的な要素ではないとすると，これは視覚障がい者が同じ聴覚的因子を手がかりに方向を判定していることを暗示させる。また，大倉ら（2006）の実験研究でも聴覚的因子の影響が示唆された。図6.3はその結果を示したものである。出発地点において前もって聴覚的もしくは触覚的手がかりによって歩行開始方向を提示した後，左もしくは右側からの周囲音（ノイズ）暴露下で直進歩行を求めたところ，周囲音が存在しない条件に比べて，その反対側に偏軌する傾向が認められ，さらに，周囲音の音圧が高いと偏軌の程度も強くなった。この原因を探る最近の実験研究では，周囲音に起因する左右の耳のマスキング差の影響が示唆されている（大倉ら，2012）。

この偏軌傾向は，道路横断やプラットホーム上の移動など，明確な手がかりのない状況で直進しなければならない場合に注意を要する。

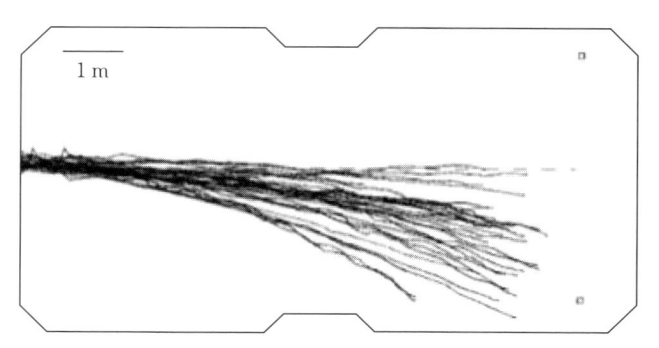

図6.2 一側の壁中央を出発点として直進歩行をした際の歩行軌跡

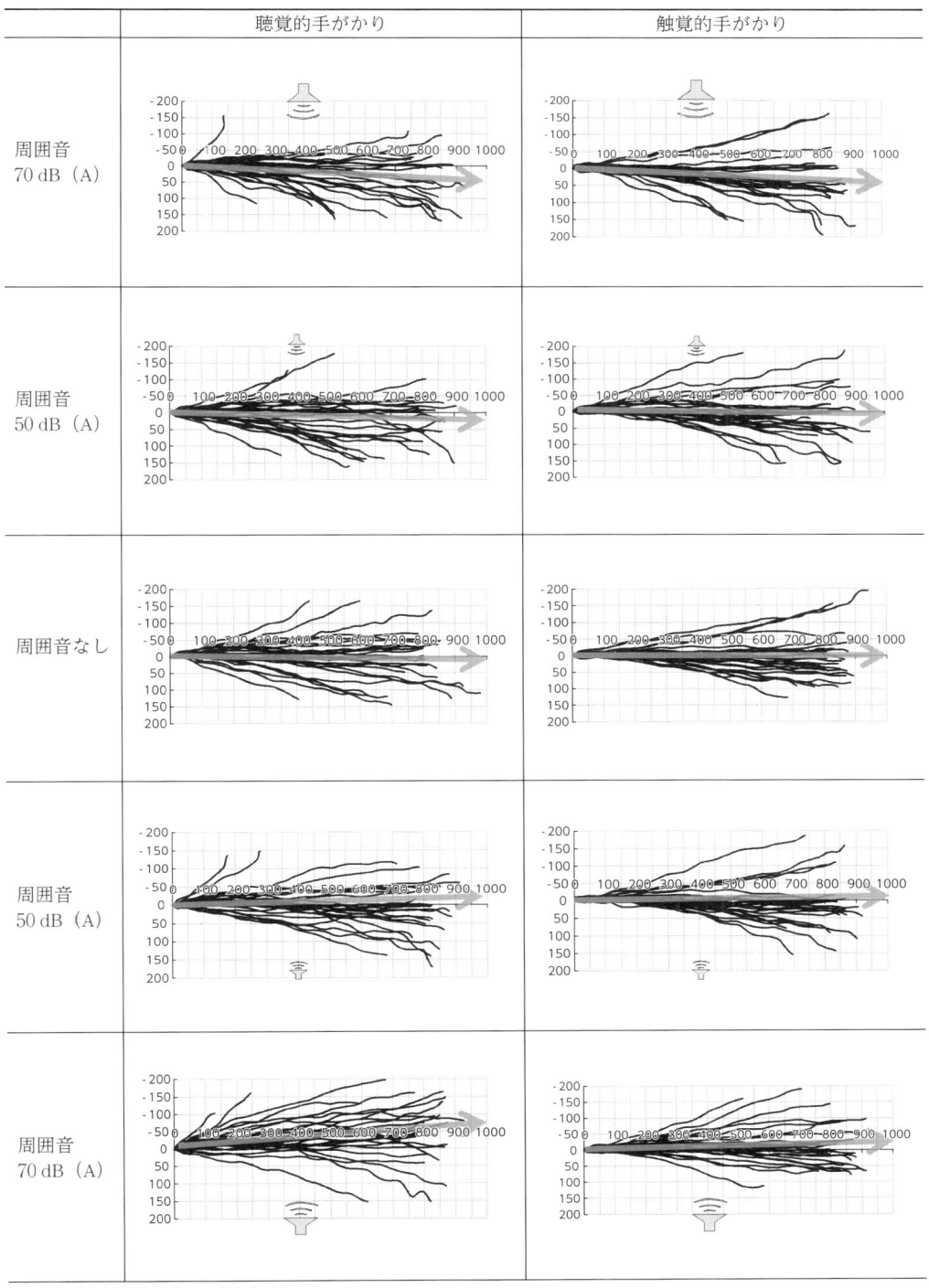

6.1 OMにおけるいくつかの行動特性　63

	聴覚的手がかり	触覚的手がかり
周囲音 70 dB（A）		
周囲音 50 dB（A）		
周囲音なし		
周囲音 50 dB（A）		
周囲音 70 dB（A）		

※ 矢印は平均的な歩行方向を示す。

図 6.3　直進歩行における周囲音の影響

6.1.2 スクウェアオフと慣性力の影響——障害物を回避して歩行を続けるのは至難の技

移動経路上に何か障害物があって，それを回避したのち元の進路を維持することは至難の技といわざるを得ない。例えば，駅のプラットホーム上を長軸方向に点字ブロックに沿って移動中，ほかの乗客の荷物や柱などに出くわし，それを避けてさらに先に進まなければならない状況がこれに当たる。難しさの理由は，視覚情報が得られないと障害物から離れる際，スクウェアオフや慣性力の影響が加わり，元の進路が定めにくいためである（Tanaka et al., 1989）。図 6.4 および図 6.5 はそれぞれ方形と円形の障害物を右または左に回避して元の進路を維持しようとした場合の視覚障がい者の歩行軌跡を示したものである。

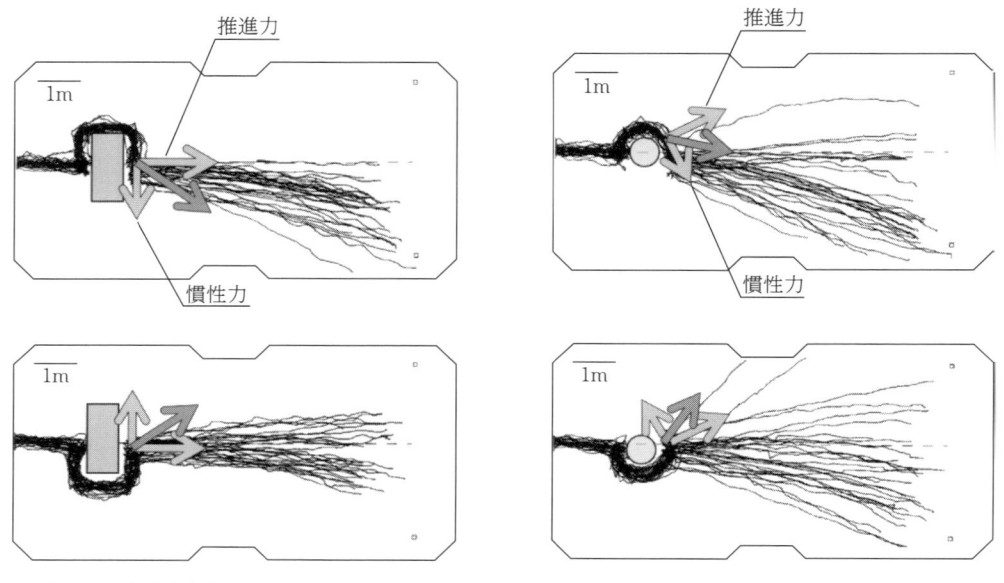

図 6.4　方形障害物を回避後，元の進路を維持した際の歩行軌跡

図 6.5　円形障害物を回避後，元の進路を維持した際の歩行軌跡

方形の障害物では，右回避の場合（図 6.4 下）は期待される進路を中心に軌跡のばらつきが見られ，左回避の場合（図 6.4 上）は期待される進路より右に寄っている。直進における歩行軌跡（図 6.2）を基準にすると，障害物回避後の軌跡は，右に回避した場合は左方向に，左に回避した場合は右方向に寄っており，慣性力の影響が暗示される。

円形の障害物では，回避方向別の軌跡（図 6.5）は方形の場合と同様の傾向であるが，バラツキはより増幅している。この原因として，慣性力の影響に加えて円形の障害物では離脱点の法線方向に離れる傾向，すなわちスクウェアオフの影響が考えられる。したがって，どこで障害物を離れるかがその後の進路を決める大きな要因となる。

このようにスクウェアオフと慣性力の影響は前述の偏軌傾向とともに，明確な方向の手がかりが得られない状況では，歩行方向の決定に強く関与する。

6.1.3 音源定位—音の方向からまわりを知る

音源の方向やそこまでの距離など，その空間的位置を識別することを音源定位（sound localization，図6.6）という。この音源定位は，視覚情報が得られない障がい者にとっては環境を認知するための有力な方法の一つであるが，両耳聴が可能であれば音源の方向に関してはかなり正確な判断ができるものの，音源の上下や音源までの距離の弁別は不可能ではないがともにあまり正確ではない（和田ら，1969）。また，音源の移動に対しても比較的鈍感である（ムーア，1994）。

図6.6 音源定位

6.1.4 エコー定位—反射音からまわりを知る

単独行動経験の長い視覚障がい者の中には障害物に接近すると，それに触れなくても，鋭敏にその存在に気づく者がいる。これは，おそらく自身の足音や白杖の地面を打つ音が障害物に当たって反射してくるエコーを利用していると考えられる（ムーア，1994）。このエコー定位（echolocation，図6.7）は，それを利用できる視覚障がい者にとっては，環境を知るための有効な手段となるが，逆の結果を引き起こすこともある。例えば，歩行中突然，障害物をエコー定位で発見した場合，反射的に避ける行動を起こし，方向を見失ってしまうことがある。エコー定位には「両刃の剣」的側面があることに注意を要する。

図6.7 エコー定位

6.1.5 音響・音声情報に基づく意思決定—誤った判断から抜け出すのは難しい

視覚情報が得られない障がい者にとって，音響・音声による聴覚情報は環境認知や行動の意思決定においてきわめて重要であるが，聴覚情報の特性ゆえに，客観的にみて，間違った判断に陥ることが多々ある。視覚と聴覚の根本的な違いは，前者は基本的に空間情報を扱うのに対して，後者は時間情報を扱うところにある。このことは何か情報を取り損なった場合のことを考えると決定的な差となる。すなわち，視覚では再度能動的に情報源に目を向ければ容易に確認できるのに対して，聴覚ではすでに提示されてしまった情報は再度能動的には取り得ない。また，視覚では多様なカテゴリーの情報（文字，図形，色など）を取得できるため，いったん間違った判断をしても容易に修正できる可能性が高いが，聴覚情報はそのカテゴリーの狭さから間違った判断からの脱出はかなり難しいと考えられる。

図6.8には，駅プラットホーム上で電車を待っている場面を例として挙げている。電車

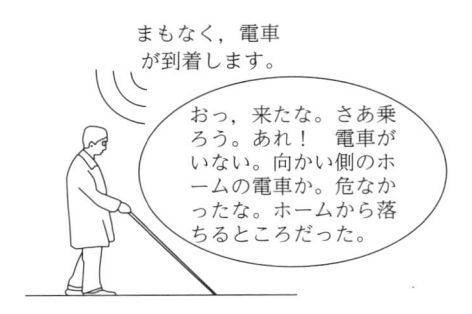

図6.8 音声情報による意思決定

が到着する旨のアナウンスがあり，その後，適当な間をおいて電車の入線があった。そこで乗車しようとしたが，電車がいないことに気づき，危うく線路上への転落は免れたという状況を示している。向かい側のホームに入線した電車を自身が乗るべき電車と誤認したわけである。この例は実際の事故をもとに脚色したものであるが，このような意思決定がありうるのである。しかし，この状況判断のプロセスは当人からみるときわめて理にかなっていると思われる。音響・音声情報のみでは，このような客観的には誤っている状況判断から抜け出すことは非常に難しいといわざるを得ない。

6.1.6 記憶依存性―突然の環境における変化に出くわすと混乱する

単独歩行に熟練している障がい者でも，初めての場所に一人で行くことはまれである。単独歩行をするためには，あらかじめその場所に関するさまざまな知識を事前に得ておく必要がある。晴眼者の道案内を受けて，周囲の状況を言葉で教示してもらい，それを記憶する（「コラム：認知地図」参照）のが一般的なやり方である。ところが記憶容量には限界があるので，すべての場所を覚えるのは不可能であるし，また別の場所の記憶との干渉も起こる。仮に，記憶が正しいとしても，その場所に記憶にない物が置かれたり，レイアウトの変更があったりする。このような状況は単独歩行にはきわめて不利で，安全性がおびやかされることになる（図6.9）。

図6.9 記憶依存した行動

6.1.7 高い心理的ストレス―どんなに慣れても一人で歩くのはつらい

単独歩行中の視覚障がい者が高い心理的ストレスを被っていることは想像に難くない。このストレスの定量化に関しては，心拍数を指標としたTanaka et al.（1981）の先駆的研究がある。単独行動に慣れた障がい者の心拍数を晴眼者による誘導歩行時と単独歩行時で比べると，単独歩行時のほうが著しく高くなったことが報告されている（図6.10）。

この研究を受けて，大倉（1989）は二次課題法を用いてそのストレス源の同定を試みた。二次課題法とは人間の情報処理能力に一定の限界があることを根拠にして，主課題と同時に別の課題（二次課題）を与え，二次課題の成績から主課題の困難度を測定するものである。

図 6.10 単独歩行時と誘導歩行時の心拍数の変化

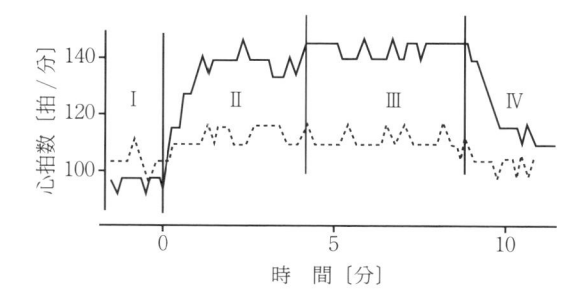

実線：単独，破線：誘導，ローマ数字は出発前 2 分間（Ⅰ），ルート前半（Ⅱ），ルート後半（Ⅲ），および到着後 3 分間（Ⅳ）の区間を示す。

実験はフィールド実験の形で行われ，主課題は単独歩行，二次課題は皮膚に与えられた振動刺激の弁別であった。二次課題の成績を路上に置かれている障害物回避や道路横断の場面と線状誘導ブロックを利用した歩行場面で比較すると，前者のほうが低下しており，ストレスの源が主として方向定位のための努力にあることを示唆する結果となった。言い換えると，方向定位に関して明確な手がかりが得られない場合は，能力の大部分を方向の維持のために消費し，ほかのことに割ける余裕はなくなる。

6.2 道路横断におけるリスク

視覚障がい者が一人で行動するとき，道路横断はリスクの大きいタスクの一つである。図 6.11 は四つの特徴の異なる交差点において，8 人の単独行動に熟練した視覚障がい者に道路横断を求めた際の歩行軌跡を示したものである（大倉ら，1990）。出発点（S_1，S_2，S_3）から横断歩道口までの距離を 3 段階設定し，無作為に参加者に割り振った。交差点 a，b，c，d における横断距離はそれぞれ 17，11.8，18，10.3 m で，交差点 d のみ音響信号機が設置されていなかった。交差点 a と b は交通量が多く，騒音も高いため，音響信号機の音が聞こえにくいときがあった。

横断開始時に注目すると，どの交差点でも半数近くの参加者が歩道の縁石あるいは点状ブロックを手がかりとしてそれと直角に歩き始めているのがわかる（スクウェアオフ）。残りの者は自動車やほかの歩行者の流れを手がかりとしたか，渡り口までの移動方向をそのまま維持したものと考えられる。交差点付近の縁石は円弧をなす場合がほとんどで，横断歩道もその付近に設置される場合が多い。また，この試行を行った当時は，横断歩道口の点状ブロックは縁石の円弧に沿って敷設されていた（現在は階段状に敷設されるようになったので，点状ブロックの辺が横断方向の手がかりとして利用できる）。したがって，これらを手がかりに横断開始方向を決めると，目標とする方向に一致しなくなる。

横断のタイミングに関しては，音響信号機の敷設されている交差点 a，b，c ではどの参加

6. 移動環境とリスク

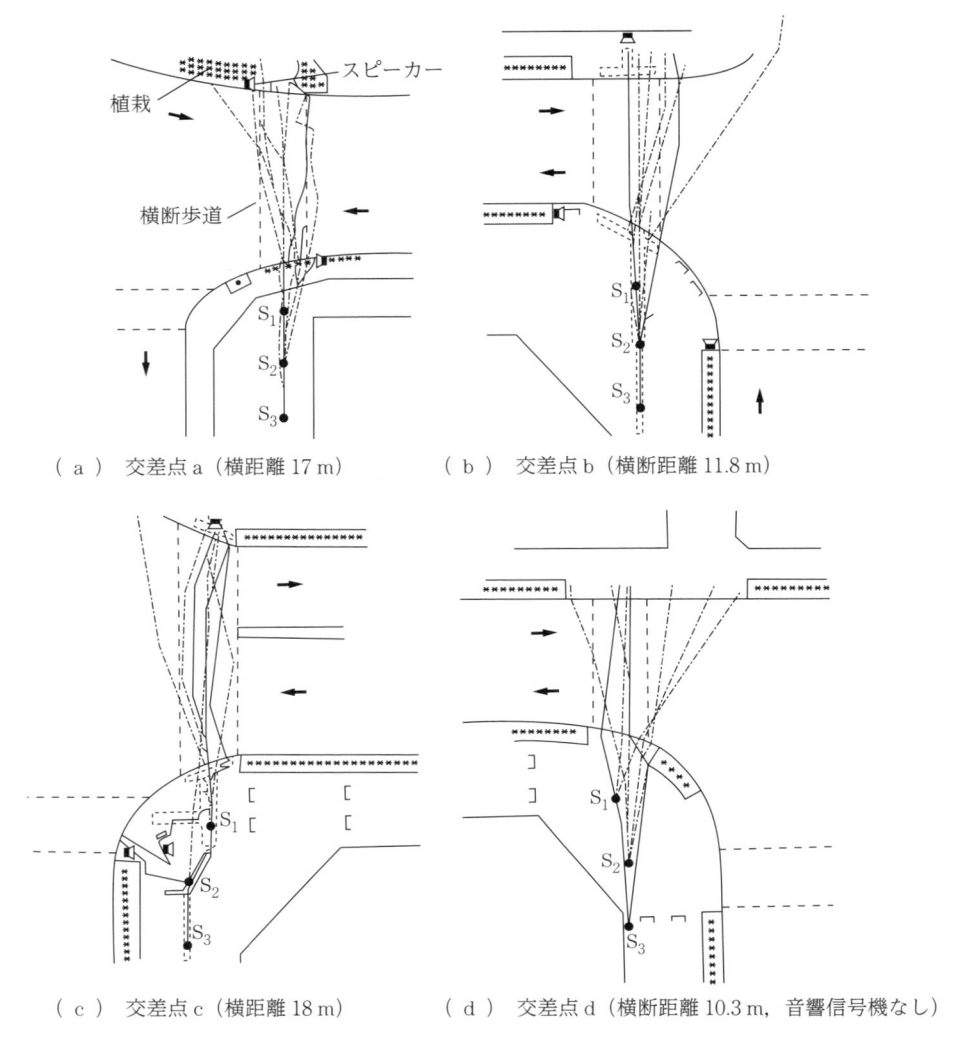

(a) 交差点a（横距離17 m）

(b) 交差点b（横断距離11.8 m）

(c) 交差点c（横距離18 m）

(d) 交差点d（横断距離10.3 m，音響信号機なし）

図 6.11 四つの交差点における道路横断時の歩行軌跡

者も信号機の青および青点滅の間に横断を完了したが，音響信号機のない交差点dでは2人の参加者が赤信号で横断してしまった。おそらく，自動車等の走行音がしなかったので，横断可と判断したものと考えられる（音響情報に依存した意思決定）。音響信号機が設備されていれば，このようなことは起きなかったであろう。

横断中の歩行軌跡をみると，音響信号機の音が比較的よく聞こえる交差点cでは，ほとんどすべての参加者の軌跡は対岸の音響信号機のスピーカー付近に収束している（音源定位）。一方，音響信号機のない交差点dや音の聞こえにくい交差点a，bでは到達点のバラツキが大きくなっている（偏軌傾向）。このことは音響信号機のスピーカーの音量と位置の重要さを示している。

道路横断では，対岸の目標を認知し，それへの身体の方向づけを行い，横断のタイミングをはかり，直進歩行を行う必要がある．視覚情報なしにそれらを実行する場合，そのストレスは大きいといわざるを得ない（大倉，1989）．特に横断中に明確な方向の手がかりが得られないと，先に述べた偏軌傾向のため，危険な状況に陥る可能性がある．そのため，点字ブロック，音響信号機，エスコートゾーンが開発され，実用に供されてきた．これまで視覚障がい者の道路横断に関して，メディアに報道されるような大きな事故の報告はみられないが，おそらく，これらの対策の成果とみることができる．しかしながら，点字ブロック，音響信号機，エスコートゾーンは同じユーザーのための設備でありながら，点字ブロックはそれを敷設する道路の管理者，音響信号機とエスコートゾーンは警察と管轄部署が異なっている．そのため，設置のガイドラインに統一性はなく，例えば，歩道上の点字ブロックとエスコートゾーンの連結が図られていない交差点が多々散見されるなどの問題を有している．また，これらの設備はどれか一つを設置するだけでは不十分である．複数の設備を用意して手がかりの冗長度を上げ，ある手がかりが使えなくなってもほかの手がかりに切り替えて横断が継続できるようにしておく必要がある．例えば，音響信号機とエスコートゾーンが敷設されていれば，途中でエスコートゾーンを見失っても，音響信号機に手がかりを切り替えて，横断を続けられる．

6.3　鉄道駅プラットホームにおけるリスク

鉄道駅プラットホーム移動中のリスクは何といっても転落である．Murakami（1984），村上（1985）は視覚障がい者のプラットホームからの転落に関して先駆的な調査を行い，転落事故を経験した48人の視覚障がい者のうち58%（28人）が2回以上転落していたことを報告した．田内ら（1992）による調査では，対象者109人のうち，鉄道駅において線路上，あるいは階段からの転落を経験している者が40人（37%）に上り，車両とホームの間隙や列車連結部に足を落とした者も42人と相当数に達していた．東京視力障害者の生活と権利を守る会・まちづくり委員会（毎日新聞，1994）のアンケート調査でも，回答者100人のうち転落経験のある者が半数の50人おり，全盲者では68人のうち2/3（44人）が転落を経験していた．また，全日本視覚障害者協議会（読売新聞，2011）のまとめでは，平成6（1994）年以降，プラットホームからの転落や電車との接触で亡くなった視覚障がい者は41人にのぼる．2000（平成12）年のいわゆる「交通バリアフリー法」，それに引き続く，2006（平成18）年の「バリアフリー新法」の施行により，鉄道駅の整備は急速に進んだが，視覚障がい者のプラットホームからの転落事故は依然としてなくならないのが現状である．

本節では，視覚障がい者の駅プラットホームからの転落事例（大倉ら，1995）を取り上

6.3.1 事例1：まっすぐ歩いたつもりが実は曲がっていた

[1] **事例の概要**　転落者は盲学校に在学する16才（当時）の女子学生で，視力は右0，左指数弁（眼前に出された指の数がわかる）であった。学校でOM訓練を受けていたが，右耳がわずかに聞こえにくく，歩行の際，左偏軌傾向があることを指摘されていた。

転落は1974年7月のある日曜日，午前10時30分ごろ，山手線目白駅で発生した。当駅は全長200 m，幅7 mの島式のプラットホームを有していたが，当時，点字ブロックは敷設されていなかった。

転落者は当駅をよく利用しており，事故当日は友人に会うために新宿駅に向かおうとしていた。転落者は階段を使ってホーム上に降り立ったのち，新宿駅下車後の利便を考え，先頭に近い車両に乗るべくホームを長軸方向に移動した（**図6.12**）。ホーム上にあった駅事務室までは，ホーム中央部をベンチや柱を回避しながら歩いた。駅事務室に到着後はその壁に沿って移動し，壁が切れてから6～7 m行ったところでホームから転落した。

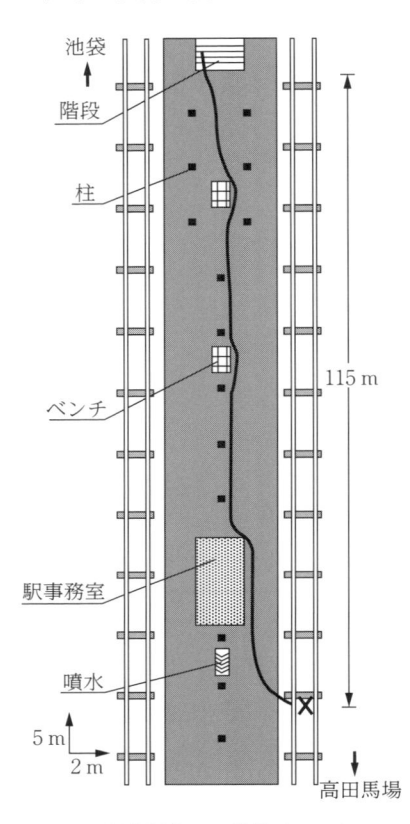

図6.12 偏軌傾向が間接的原因と考えられる転落事例（太線：歩行軌跡，×：転落地点）

[2] **転落の原因**　転落の直接的な原因は，白杖によるホーム縁端部の検出が確実に行われなかったことにあるが（歩行補助具の操作不適），間接的原因として偏軌傾向の影響が考えられる。すなわち，転落者は日ごろから歩行時，左に偏軌することを指摘されており，さらに，駅事務室から離れる際に進行方向と平行に存在する壁を方向の手がかりにしたことも災いした。これはトレーリングという方向を定位するための一つのOM技術であるが，スクウェアオフ（壁の切れ目で右に回り込み，壁を背負って方向を再定位する）に比べるとその信頼性は劣ると考えられる（武田ら，2006；Scott et al., 2011）。

6.3.2 事例2：ハサミの音で改札口を判断したら

[1] **事例の概要**　転落者は46歳（当時）の男性で転落時の視力は両眼とも光覚（光

の有無のみを弁別できる），OM 訓練は受けていなかった。転落は 1988 年 11 月のある平日，午前 8 時 40 分ごろ井の頭線吉祥寺駅 2 番線ホームにおいて発生した。同駅はターミナル駅で，点字ブロックが敷設された相対式かつ櫛型ホームを有していた（図 6.13）。改札口は到着車両の前方にあり，図のように車両の前面と向かい合っていた。2 番線ホームから見ると出口は向かって左側で 1 番線ホームのほぼ延長線上にあり，入口は 2 番線ホーム側にあった。ホームの改札口側には転落防止柵が設置されているが，先頭車両の前面までは達しておらず，約 5 m の間隙があった。

転落者はこの日，自宅を定刻に出発し，久我山駅で前から 3 両目の後部ドアから乗車した。吉祥寺駅で 2 番線ホームに電車が到着し，下車した。下車後いつものように点字ブロックを見つけて両足でブロックに乗ったまま，白杖は立てるようにして短めに前方に出し，ほとんど左右に振らずにブロック面を突きながら改札に向かってゆっくり移動した。やがて車両のモーター音が聞こえたので先頭車両まで来たことがわかった。このとき，1 番線ホームで発車のベルが鳴り，改札入口から多くの乗客が 1 番線ホームに駆けて行った。この付近まで来ると駅員の使う改札ハサミの音が聞こえたので，その音に向かって移動したところ，転落防止柵と車両の間から線路上に転落した。ハサミの音に注意してからは点字ブロックを伝っていたかどうかははっきりわからなかったということであった。

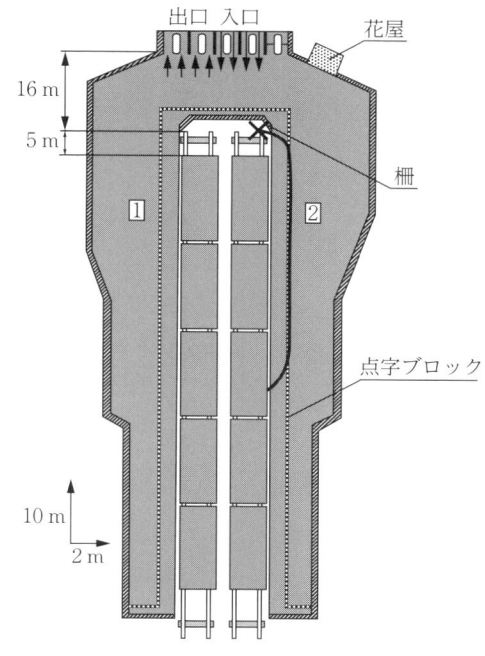

図 6.13 音源定位が間接的原因と考えられる転落事例（太線：歩行軌跡，×：転落地点）

［2］**転落の原因**　前事例と同様，白杖によるホーム縁端部の検出が確実に行われなかったことが転落の直接的な原因と考えられるが（歩行補助具の操作不適），間接的原因の一つとしてハサミの音を方向定位の手がかりとしていたことが挙げられる。すなわち，音源定位は，方向については比較的正確であるが，距離の信頼度は低いとされる（和田ら，1969）。音源定位は空間を認知する有力な手段であるが，転落者は改札出口のほうに向きを変えるのが早すぎたと考えられる。

本件でもう一つ重要な知見は，ホーム縁端部に敷設された点字ブロックだけでは転落は防げないということである。転落者は大勢の乗降客の動向を察知しながら，改札ハサミの音を

頼りに方向定位をしているわけであるから，たとえ点字ブロックを踏んでいたとしてもそれに注意を向ける余裕はなかったもの（高い心理的ストレス）と解される．

6.3.3 事例3：突然，柱が

[1] **事例の概要**　転落者は21歳（当時）の男子大学生で，2歳のときに両眼を摘出した．中学時代から単独歩行をしていたが，OM訓練は受けていなかった．事故は1989年1月のある平日，午後4時30分ごろ，山手線品川駅1番線ホームで発生した．当駅は複数の島式ホームを有しており，転落が発生した1番線は全長210 m，転落地点付近のホーム幅は9.6 mあった（**図6.14**）．ホーム縁端から110 cm内側に幅30 cmの点字ブロックが連続して敷設されていた．ホーム中程には，橋上のコンコースに通じる上り階段が3箇所あり，田町駅寄りの端には地下連絡階段があった．1番線における点字ブロックと柱の位置関係をみると，図に示すように，大崎駅側の柱は点字ブロックから55 cm内側，田町駅側は20 cm内側で一定せず，しかも田町駅側は相当接近していた．

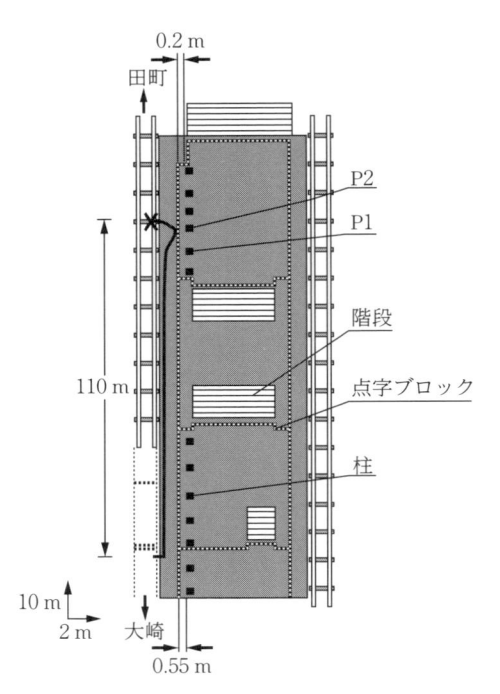

図6.14　エコー定位が間接的原因と考えられる転落事例（太線：歩行軌跡，×：転落地点）

当駅は転落者の通学経路における乗換駅で，よく利用していた．当日も大学のある池袋駅から山手線内回り電車の最後尾から3両目に乗車し，当駅1番線ホームに下車した．普段は当駅での乗換の利便を考えて先頭車両に乗車していたが，この日はたまたま同行していた友人との関係で後ろから3両目の乗車となった．下車後，電車がまだ停車している間に，点字ブロックとホーム縁端の間を，田町駅寄りの地下連絡階段に向かって移動し始めた．移動に際しては電車をエコー定位により認知できたので，これにより電車に沿って歩いた．電車が発車した後は，白杖の先端をホーム縁端に接したまま点字ブロックの外側を歩いた．100 m近く歩いたころ，1番線に次の電車が入る旨のアナウンスがあったので，急いで点字ブロックのほうに寄ったところ，ブロックに隣接している柱（P2，図6.14）が急に現れたので（おそらくエコー定位で認知），それを反射的によけ，方向を失ってホームから転落した．転落後，電車がすぐ後方に接近していたので，ただちに田町側に走るとともに，軌道上からホームと反対側に退避したため，電車との接触

は免れた。

[2] 転落の原因　本件も，白杖によるホーム縁端部の検出が確実に行われなかったことが転落の直接的原因であろうが（歩行補助具の操作不適），本件の状況で，それを求めるのは難しいと考えられる。点字ブロックが柱に隣接して設置されているという移動環境の不備に，視覚障がい者の空間認知特性の一つであるエコー定位が応答したものと考えたほうが合理的である。転落者は視覚を失ったのが幼少期であるため，エコー定位能力は高いことが推定される。また，電車が後方から接近中という緊張した条件下にあり，ほかのことに注意を振り向ける余裕がなかったことも事故の遠因として考慮に入れなければならない（高い心理的ストレス）。エコー定位はそれを利用できる者には，障害物などの知覚に有効に働く場合もあるが，本件のようにある条件が整うとネガティブな結果を引き起こすことがあることに注意を払っておく必要がある。

6.3.4　事例4：電車が来たと思ったらそれは対面のホームであった

[1] 事例の概要　視覚障がい者のプラットホームからの転落は，特に重篤な被害が出た場合を除いて，マスコミに取り上げられる機会も少ないので，事例調査となると，どうしても後追い的にならざるを得ない。そのため，関係者の記憶も薄れており，事実関係が判然としない場合が多いが，そうした中で，本件は転落に至るまでの時間的経過がはっきりしているまれなケースである。

転落者は19歳（当時）の女子学生で，2歳のときに失明した。OM訓練は盲学校で受け，転落の1年前から単独で自宅から通学していた。転落は1986年11月のある土曜日，午後3時ごろ，阪和線堺市駅上りプラットホームで発生した。到着電車を待っていた同女子学生がホームから線路に転落，折から進入してきた和歌山発天王寺行きの快速電車にはねられ，頭を強打し意識不明のままただちに入院したが，手当のかいなく，一週間後に死亡した。堺市駅のホーム（図6.15）は相対式で，長さ約200m，ホームの幅は約6mであった。ホームの縁端から3mのところに柱があるが，比較的ゆったりした構造であった。また30cm幅の点字ブロックが縁端より約1m内側に1列敷設されていた。

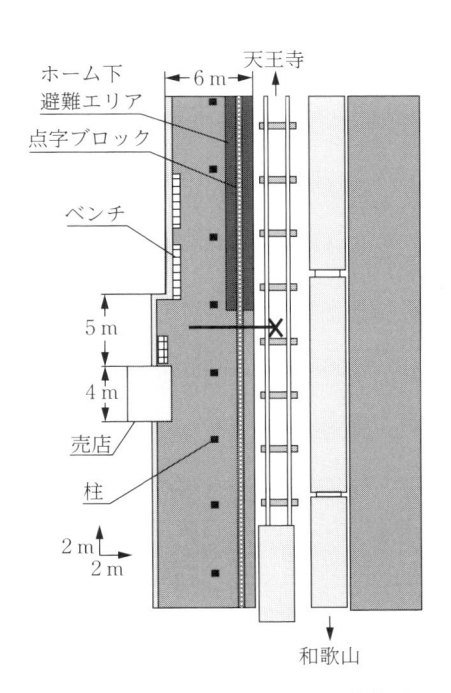

図6.15　言語による意思決定が間接的原因と考えられる転落事例（太線：歩行軌跡，×：転落地点）

なお，堺北署の調べでは，事故当時ホームには駅員1人と乗客約60人がいたということであった。転落に至るまでの時間的経過は以下のようであった。

① 14:58:20，普通電車から快速電車に乗り換えるために下車。その後，ホームの中央付近の点字ブロックの内側に立ち，快速電車の到着を待つ。
② 14:59:40ごろ，下りホームで下り電車の接近を知らせる放送があった。
③ 15:00:30ごろ，上りホームで上り電車の接近を知らせる放送があった。
④ 15:00:40，下り電車が到着。
⑤ 転落者はこの下り電車を上り快速電車と誤認し，乗車しようと歩き始め，そのまま線路上に転落した。転落してから20，30秒後に入線してきた上り快速電車にはねられた。電車はその地点から20m過ぎてから停止した（15:01:20）。

〔2〕 **転落の原因** 転落の直接的原因は，白杖による車両の床の検出が確実に行われなかったことにあるが，間接的要因として，音声や音響によらざるを得ない意思決定を挙げることができる。つまり，上り電車の接近を知らせる放送（15:00:30）と下り電車到着（15:00:40）のタイミングが絶妙であったため，その下り電車を自身が乗るべき電車と判断してしまった。電車の到着に関して聴覚情報しかより所のない視覚障がい者にとってはこの判断はきわめて合理性があるように思われる。このような場合，その判断を覆すことはきわめて難しい。上り電車と下り電車では車両までの距離と進入方向が違うと考えられるが（音源定位），前述のごとく，聴覚系は一般に，音源までの距離判断の信頼性は低く，音源の移動に対しても比較的鈍感であるといわれている。

6.3.5 転落を未然に防止するために

視覚障がい者がホームから転落すると，「不注意」という言葉がよく使われる。ところが，ここで紹介した事例には「不注意」といわれるものは一つもなく，むしろ，転落者は周囲に対して「注意」を払って移動しているし，合理的な情報処理・判断を行っていると思える。注意を払っているにもかかわらず，転落を被るところに視覚障がいゆえのつらさがある。確かにどの事例も白杖によってホーム縁端，あるいは車両の床の検出がなかったことが転落の直接的な原因であるが，それは当人の不注意のせいではなく，外的な条件（狩野，1978）や視覚障がい固有の環境認知の仕方の影響が大きいと考えられる。すなわち，事例1では「トレーリングによる方向定位と偏軌傾向」，事例2では「発車間際に走り込む乗客の圧力と改札ハサミの音による出口方向の定位，およびそれらに起因する余裕のなさ」，事例3では「後方からの電車接近に起因する精神的緊張とエコー定位による突然の障害物認知」が指摘できる。対岸のホームへ入線してきた電車を本人が乗るべき電車と誤認した事例4でも，音声や音響情報に基づくそこまでの情報処理・判断はきわめて合理的であった。そういう判断

のもとに行動しているわけであるから，白杖で床を確かめるという発想は起こりようがなかったのかもしれない．思い込みで行動することは晴眼者でもよくあるが，多くの場合，視覚情報によりフィードバックがかかるので大事には至らない．

上述のような視覚障がいゆえの認知・判断特性からすると，転落防止には，客観的にみて不適切な意思決定が行われたとしても大事に至らないようにするアプローチが有効と考えられる．その一つは，ホームと線路の間に明確な仕切りをつける，「ホームドア」や「可動式ホーム柵」（以下，ホームドア等と呼ぶ）の設置であろう（図 6.16（a））．それらが設備されているホームでは視覚障がい者の転落は報告されていない．しかしながら，2014 年 3 月において，ホームドア等が設置されているのは全国において 583 駅で（国土交通省，2014），全体の 6％あまりに過ぎない．バリアフリー法により，新設駅や大規模改修駅ではホームドア等の設置が原則義務化されたが，解決すべき技術的課題の多さ（交通エコロジー・モビリティ財団，2000）や膨大な費用のため，普及は進まなかった．その後，2001 年の新大久保駅や 2011 年の目白駅での転落事故が社会的に大きな反響を呼び，2011 年度には 1 日のユーザー 10 万人以上の駅（235 駅）においてホームドア等の整備を優先的に行うべきとの方針がとりまとめられた（国土交通省，2011）．しかしながら，数値目標は示されたものの，実現には相当の時間を要するため，当面の現実的な対策とはなり得ないであろう．

（a）可動式ホーム柵　　　　　（b）昇降バー式ホーム柵

図 6.16　ホームドア等

ところで，ホームドア等に関し心配なことはコストや設置の容易さを追及するあまり，さまざまなタイプのものが開発されていることである．すなわち，固い素材のドアが開閉する方式だけでなく，バーやロープが昇降するタイプも出てきた（図 6.16（b））．かつての点字ブロックがそうであったように，亜型がたくさんあるのはユーザーの立場からすると好ましいことではない．ユーザーの視点で評価し，一定の設計要件内で開発されることが望まれる．

さて，現実的な対策を考えるうえで重要なことはソフト面に目を向けることであろう．それは，晴眼者による駅舎内の誘導サービスである（田内ら，1991）．おそらく最も速効性があり，現実的な策と考えられる．視覚障がいユーザーの駅舎内の誘導については，鉄道事業

者において以前に比べると格段のサービスの向上がみられるが，より効果があるのは一般の乗客によるサポートである。ここで紹介した4件の事例はどれも付近の乗客のちょっとした手助けで未然に防げたものばかりである。そのためには視覚障がい者のOMの特性や鉄道利用の困難さの実態を十分理解する必要がある。

転落との関連で最近気になるのは，プラットホーム上を歩きながら，スマートフォンの操作をしている晴眼者の多いことである。視覚障がい者と接触する，あるいは至近距離を通過する場合，視覚障がい者が方向を失し，転落に結びつく可能性をはらんでいるので，控えるべきであろう。

── ◆ コラム：認知地図 ◆ ──

人間は空間（3次元，ユークリッド空間）と時間という次元の中で生きている。移動というのは空間の中を動き回る行為であり，その移動の原点は歩行による移動である。モーターやエンジンがついた乗り物での移動は身体的運動を伴わないが，歩行や自転車，車いすなどによる空間の移動では身体運動感覚や視覚からの感覚を直接的に実感できるという違いがある。そのため，移動空間の特徴の抽出（建物や道路）や得られる感覚の量や質から，建物や道路の配置のみならず移動した距離や時間，負荷（疲労）といった移動の質に関する情報が取り込まれると考えられる。

このように初めて歩行する空間においても，しばらくそこで移動を行うことによってその空間に関する知識が集積する結果，見通しがきかない場所に来ても意識的あるいは無意識で次の行動に対する計画を立てて移動を継続し，目的とする地点に到達することができるようになる。このように外界の空間が再現の完全，不完全を問わず脳内に表現できている状態が「認知地図」（cognitive map）と呼ばれるものである。メンタルマップとかメンタルモデル（mental map, mental model）という表現があるが，これらも認知地図とほぼ同義と考えてよい。これは一見難しい話のようだが，例を挙げると，ゲームとしての巨大迷路があるが，行きつ戻りつしながら迷路の様相を頭に描いていくプロセスの結果，憶えた経路（認知地図）がそれに相当する。

認知地図を脳内に形成するためには，上にも述べたように視覚をはじめとしてさまざまな感覚が動員されると考えられる。空間認知に関する有名な研究の中に心理学者のTolman（1948）の研究がある。彼は，認知地図とは空間情報を行動の系列としてではなく，固定座標系の上にマッピングされた地図として形成された記憶として獲得するものであるとしている。それはどのような地図かというと，必ずしも我々が日常使用するところの実態を縮小して示す地図のようなものではなく，各種の心理的要因や身体感覚的なものによって修飾され

た「歪んだ」地図である可能性が指摘されるが，それを表出させる過程でまた「歪み」が生じる可能性が考えられ，他者に対して正確に認知地図を表現することはきわめて難しい作業となる．

　視覚障がい者においても認知地図は晴眼者と同様に必要なものである．しかし，視覚なしで形成される認知地図は晴眼者と同じとは限らない．認知地図の研究ではよく行われる描画によるメンタルな座標の表出は視覚障がい者に適用している例も少なくないが，視覚障がい者による描画自体が晴眼者と比較できるものではないため，晴眼者との比較としての興味はあるが，その描画をもって視覚障がい者の認知地図の形成の不完全さを指摘することは意味がないといえる．それでは，どのように視覚障がい者のメンタルマップを推定するかということになるが，やはり行動学的に検証するのが正しく，二次元の描画や聴き取りは補助的なものと考えるのがよい．

　視覚障がい者のメンタルマップについて，晴眼者とどのように異なるかを考えることは，移動の訓練や自己学習のために重要と考えられる．音声地図を作る際に手がかりとするのはランドマークと距離（時間，歩数等）であり，経路に沿って確認できる触覚的あるいは聴覚的手がかりが最も重要なものである．もちろん，直接確認できないものについての知識を有していることも重要である．晴眼者であれば，近傍にあるもの，はるか遠方にあるものも経路と関連づけて手がかりとして用いて現在位置を確認しながら進むため，その地図というものは二次元的表現（面的）を主とし，かつ三次元的（立体的）な様相を示すと考えられる．一方，視覚障がいの場合には，経路の直上や近傍の触覚あるいは聴覚情報が主体になるので，その認知地図は経路を順に逐一たどる一次元的（線的）な様相が濃いものになると考えられる．さらに，視覚障がい者では緩くカーブした経路や鈍角の曲がり角は検知されない傾向があるので，その意味で晴眼者と比べてより単純化されていると考えられる．そこから類推するとよく用いられる触地図は晴眼者用の精緻な地図をそのまま触図化するのではなく，単純化して示す工程が必要と考えられる．

　認知地図形成もやはりスキルの一種と考えられる．神経科学的研究において例えば街の道路に関する地図情報をライセンス取得に要求されるロンドンのタクシードライバーは脳において外界に関する位置情報を処理する海馬が肥大しているという報告（Eleanor, et al., 2000）がある．移動のスキルは脳内地図（認知地図）形成が関係するとすれば，移動を重ねることで動作的，認知的なスキルが達成されると考えられる．

引用・参考文献

1章

Barnard, A. (2011). Social Anthropology and Human Origins, Cambridge University Press.

Whiten, A., Goodall, J., McGrew, W.C., Nishida, T., Reynolds, V., Sugiyama, Y., Tutin, C.E.G., Wrangham, R.W. & Boesch, C. (1999). Cultures in Chimpanzees, Nature, 399, pp.682-685.

野田雄二 編 (1995). 健康教育序説：生活と健康，東京：玉川大学出版部.

藤田正文 (1990). 最近の障害児療育に関する諸問題，情緒障害教育研究紀要，9，pp.1-4.

2章

Golledge, R.G. (1999). Human Wayfinding and Cognitive Maps, Golledge (Ed.) Wayfinding Behavior, Cognitive Mapping and Other Spatial Processes, Baltimore and London : The Johns Hopkins University Press.

Kish, D. (2009). Echo Vision : The Man Who Sees with Sound, NewScientist, 14 April, pp.31-33.

Menard-Rothe, et al. (1997). Self-selected Walking Velocity for Functional Ambulation in Patients with End-stage Emphysema, J. Cardiopulm Rehabil, Mar-Apr, 17 (2), pp.85-91.

Shimizu, M. (2009). A Survey of Daily Trips of Persons with Visually Impaired Living in Communities in Japan, J. Visual Impairment and Blindness, 103 (11), pp.766-772.

Yoshiura, T., Takato, J., Takeuchi, K., Sawai, H. & Tauchi, M. (1997). Development of a Novel Type of Audible Traffic Signal for the Blind and Visually Impaired Pedestrians and Comparison of Its Acoustic Guiding Function with the Presently Used Audible Traffic Signal, 4th ITS World Congress in Berlin, pp.1-7.

大倉元宏 (1989). 二次課題法による盲歩行者のメンタルワークロードに関する研究，人間工学，25 (4), pp.233-241.

警察庁 (2002). 歩車分離式信号に関する指針の制定について（通達），警察庁丁規発第86号，平成14年9月12日.

ジェイクル，ロバート（村越芳男訳）(1973). 失明者リハビリテーション訓練における歩行訓練指導員の役割，岩橋英行監修，視覚障害者の歩行および訓練に関する参考資料集（その2). 盲人の福祉，No.8.

村田啓介，浅野美帆，田中伸治，桑原雅夫 (2007). 歩行者青信号の残り時間表時方式の導入に伴う横断挙動分析，国際交通安全学会誌，31 (4), pp.76-83.

吉田洋美，清水美知子，田内雅規 (2007). 視覚障害者が道路横断前方向定位に利用する触覚的手がかりに関する縦断的研究，眼科紀要，58 (5), pp.285-292.

3章

Carroll, T.J. (1961). Blindness, What It Is, What It Does and How to Live with It. Boston: Little Brown and Company.

Levy, W.H. (1872). Blindness and the Blind. London: Chapman & Hall (Reprinted in New Outlook

for the Blind, pp.106-110, April 1949)
Soong, G.P. et al. (2000). Preferred Walking Speed for Assessment of Mobility Performance: Sighted Guide Versus Non-sighted Guide Technique. Clinical and Experimental Optometry, 83, pp.279-282.
Tanaka, I., Murakami, T. & Shimizu, O. (1981). Heart Rate as an Objective Measure of Stress in Mobility, J. Visual Impairment and Blindness, 75, pp.55-63.
大倉元宏 (1989). 二次課題法による盲歩行者のメンタルワークロードに関する研究, 人間工学, 25 (4), pp.233-241.
木下和三郎 (1939). 盲目歩行に就いて, 失明傷痍軍人保護資料 (五), 傷兵保護院.
ジェイクル, ロバート (村越芳男訳) (1973). 失明者リハビリテーション訓練における歩行訓練指導員の役割, 岩橋英行監修, 視覚障害者の歩行および訓練に関する参考資料集 (その2). 盲人の福祉, No.8.

4章

[オリエンテーションエイド]

American Printing House for the blind (2013). APH Talking PC Maps. Retrieved October 1, 2013, available from http://www.aph.org/catalogs/pdf/ aph_daily_life_catalog_2013-14_low.pdf.
Bentzen, B.L. & Marston, J.R. (2010). Teaching the Use of Orientation Aids for Orientation and Mobility, William, R. W. et al. (Eds.) Foundations of Orientation and Mobility, 3rd Edition, Volume 2. (pp.315-351), New York : American Foundation for the Blind.
ClickAndGo Wayfinding Maps (2013). ClickAndGo Wayfinding Maps. Retrieved October 4, 2013, available from http://www.clickandgomaps.com.
Ponchillia, P.E., Rak, E.C., Freeland, A.L. & LaGrow, S.J. (2007a). Accessible GPS: Reorientation and Target Location among Users with Visual Impairments, J. Visual Impairment and Blindness, July, pp.389-401.
Ponchillia, P.E., MacKenzie, N., Long, R.G., Denton-Smith, P., Hicks, T.L. & Miley, P. (2007b). Finding a Target with an Accessible Global Positioning System, J. Visual Impairment and Blindness, August, pp.479-488.
ITS情報通信システム推進会議編 (2005). 図解これでわかったGPS (第2版) ユビキタス情報通信時代の位置情報, 東京：森北出版.
NPO法人ことばの道案内 (2013). ウォーキングナビ. Retrieved October 4, 2013, available from http://www.walkingnavi.com.
石川准, 兵藤安昭 (2005). GPSによる視覚障害者歩行支援システムの開発, 電子情報通信学会技術研究報告, 104 (554), pp.51-56.
臼井澄夫 (2009). 高精度衛星測位技術の動向と応用. 電子情報通信学会誌, 92 (9), pp.768-774.
エクストラ (2011). トレッカーブリーズユーザズマニュアル. Retrieved September, 2013, available from http://www.extra.co.jp/breeze/#manus.
エクストラ (2013). GPSナビ. Retrieved November 12, 2013, available from http://www.extra.co.jp/sense/gpsnavi.html.
国土交通省国土政策局 (2013). 国土情報ウェブマッピングシステム. Retrieved October 2,

2013, available from http://nrb-www.mlit.go.jp/webmapc/mapmain.html.

新潟大学（2012）．触地図自動作成システム．Retrieved October 2, 2013, available from http://tmacs.eng.niigata-u.ac.jp/tmacs-dev/

［モビリティエイド］

Bentzen, B.L. & Mitchell, P.A. (1995). Audible Signage as a Wayfinding Aid: Verbal Landmark versus Talking Signs, J. Visual Impairment and Blindness, Nov.-Dec., pp.494-505.

Franck, L., Haneline, R., Brooks, A. & Whitstock, R. (2010). Dog Guides for Orientation and Mobility, William, R. W. et al. (Eds.) Foundations of Orientation and Mobility, 3rd Edition, Volume 1. (pp.284). New York :American Foundation for the Blind.

Koda, N. et al. (2011). Assessment of Dog Guides by Users in Japan and Suggestions for Improvement, Journal of Visual Impairment and Blindness, 105 (10), pp.591-600.

Putnam, P.B. (1979). *The Fifty-years Miracle of the Seeing Eye Dog*, E.P.Dutton, U.S.A., 戸井美智子訳（1981）．愛のきずな，pp.33-34, 東京：偕成社．

Roentgen, U.R., Gelderblom, G.J., Soede, M. & de Witte, L.P. (2008). Inventory of Electronic Mobility Aids for Persons with Visual Impairments: A Literature Review, J. Visual Impairment and Blindness, Nov., pp.702-724.

Shimizu, O. & Tanaka, I. (1986). Psychological Stress of the Blind Traveler with a Guide Dog and with a Long Cane. Neustadt-Noy et al. (Eds.) Orientation & Mobility of the Visually Impaired, pp.53-58, Jerusalem, Israel: Heiligere Publishing Co..

岸　博実（1984）．視覚障害者と戦争，弱視者問題研究，36，pp.58-67.

岸　博実（2013）．48 m^2 の宝石箱─京盲史料 mono がたり（29）検校杖，点字ジャーナル，44 (8), pp.42-45.

木下和三郎（1939）．盲目歩行に就いて，失明傷痍軍人保護資料（五），p.55，傷兵保護院．

塩屋賢一（1981）．盲導犬に賭けた 30 年　歩けアイメイト，pp.88-110, 東京：東洋経済新報社．

芝田裕一（2011）．視覚障害児・者の歩行指導，特別支援教育からリハビリテーションまで，p.95，京都：北大路書房．

関　宏之（1982）．中途視覚障害者と社会参加，リハビリテーションの現場から，pp.81-88, 東京：相川書房．

田内雅規，大倉元宏（1995）．視覚障害者支援技術の現状と問題点：単独歩行について，計測と制御，34 (2), pp.140-146.

日本盲導犬協会（2013）．盲導犬を知る．Retrieved October 21, 2013, available from http://www.moudouken.net/

葉上太郎（2009）．日本初の盲導犬，pp.14-60, 東京：文藝春秋．

東日本盲導犬協会（2013）．盲導犬について．Retrieved October 21, 2013, available from http://www.guide-dog.jp/guidedog/guidedog-job/

平野隆彰（1997）．盲導犬誕生，pp.150-155, 京都：ミネルヴァ書房．

村上琢磨，関田　巖（2009）．ガイドヘルプの基本 第 2 版 初心者からベテランまで，pp.1-163, 東京：文光堂．

5章

[点字ブロック]

岩橋英行 (1983). 白浪に向いて 三宅精一を語る, 岡山：安全交通試験センター.

運輸省 (1983). 公共交通ターミナルにおける身体障害者用施設整備ガイドライン.

交通エコロジー・モビリティ財団 (2002). 視覚障害者用誘導・警告ブロックに関する研究報告書.

国土交通省 (2010). 視覚障害者誘導用ブロックの敷設方法に関する調査研究報告書.

通商産業省 (1998). 視覚障害者誘導用ブロックに関する標準基盤研究報告書.

通商産業省 (2000). 視覚障害者誘導用ブロックに関する標準基盤研究最終報告書.

中村孝文, 岸　哲志, 藤井厚紀, 田内雅規 (2008). 視覚障害者誘導用ブロックの点状突起形状およびサイズと検出力との関係, 日本ロービジョン学会誌, 8, pp.32-38.

中村孝文, 西岡厚美, 末光のどか, 岸　哲志, 田内雅規 (2009). 視覚障害者誘導用線状突起の検出と方向判別に及ぼす高さや形状の影響, 日本ロービジョン学会誌, 9, pp.69-75.

中村孝文, 田内雅規, 則吉あづさ, 友本祐子 (2011). 視覚障害者誘導用ブロックの突起形状切り替わり識別に及ぼす突起高の影響, 日本ロービジョン学会誌, 11, pp.112-118.

日本道路協会 (1985). 視覚障害者誘導用ブロック設置指針・同解説, 東京：丸善.

三谷誠二, 吉田敏昭, 小林　聖, 藤沢正一郎, 末田　統, 田内雅規 (2009a). ロービジョン者における色覚特性の計測―色識別性の計測―, 日本ロービジョン学会誌, 9, pp.123-128.

三谷誠二, 吉田敏昭, 小林　聖, 藤沢正一郎, 末田　統, 田内雅規 (2009b). ロービジョン者における色覚特性の計測―色の誘目性計測―, 日本ロービジョン学会誌, 9, pp.129-135.

[音響信号機]

New York City (2013). Accessible Pedestrian Signals. Retrieved September 19, 2013, available from http://www.nyc.gov/html/dot/html/infrastructure/accessiblepedsignals.shtml

Ono, H., Kobayashi, M., Takato, J. & Tauchi, M. (1999). Installation and Use of Back-and-forth Audible Traffic Signal for Visually Impaired Pedestrians, Proceedings of International Conference on Intelligent Transportation Systems 1999, pp.1003-1006, Tokyo.

Transportation Research Board (2013). Accessible Pedestrian Signals: A Guide to Best Practice. Retrieved September 19, 2013, available from http://www.trb.org/Main/Blurbs/159938.aspx

Wikipedia (2013). Traffic Light. Retrieved September 19, 2013, available from http://www.mtc.ca.gov/planning/bicyclespedestrians/tools/accessiblePedSignals/

碇　直史, 越智崇文, 大倉元宏 (2009). 視覚情報制限下における超指向性スピーカの進路誘導性の評価, 日本交通科学協議会誌, 9 (1), pp.19-24.

神奈川県警 (2013). 交通信号機の誕生と歴史. Retrieved September 19, 2013, available from http://www.police.pref.kanagawa.jp/mes/mesf1046.htm

警察庁 (2003). 視覚障害者用付加装置に関する設置・運用指針の制定について（通達）. 警察庁丁規発第77号, 平成15年10月22日.

田内雅規, 中村孝文, 荒谷望美, 平田　仁, 高原伸一 (2002). スクランブル交差点における視覚障害者の道路横断を支援する音響信号機の吹鳴方式に関する研究, 第28回感覚代行シンポジウム論文集, pp.31-37.

引用・参考文献

[エスコートゾーン]

Barlow, J.M., Bentzen, B.L. & Frank, L. (2010). Environmental Accessibility for Students with Vision Loss, Wiener, W.R., Welsh, R.L. & Blasch, B.B. (Eds.) Foundations of Orientation and Mobility, Third Edition, Volume 1, p.371, New York: American Foundation for the Blind.

Wardell, K.T. (1987). Environmental Modification, Welsh, R.L. & Blasch, B.B. (Eds.) Foundations of Orientation and Mobility, pp.497-499, New York: American Foundation for the Blind.

天野博透，井上崇也，栗原貴文，大倉元宏，林 斉 (2009)．視覚障害者用道路横断帯を構成する突起の高さと足裏での検知性―アイマスクを装着した晴眼者による予備的検討―，交通科学研究資料，50，pp.199-122.

大倉元宏，村上琢磨，清水 学，田中一郎，田内雅規 (1990)．視覚障害者が道路横断時に利用している情報，第16回感覚代行シンポジウム論文集，pp.69-73.

大倉元宏，中川幸士，石丸雄一，田内雅規，北野正夫 (2000)．視覚障害者用道路横断帯の利用に関するアンケート調査研究，第9回視覚障害リハビリテーション研究発表大会論文集，pp.7-10.

大倉元宏，田内雅規，村上琢磨，石川充英，酒井智子，柳沢春樹，北野正夫 (2001)．路面標示技術を応用した視覚障害者用道路横断帯の実歩行による評価，労働科学，77 (2)，pp.64-80.

大倉元宏，奈良浩行，中川幸士，田内雅規，村上琢磨，北野正夫 (2001)．視覚障害者用道路横断帯（エスコートゾーン）の位置と方向を知らせる触覚的手がかりに関する研究，労働科学，77 (12)，pp.490-495.

大倉元宏，浦川龍平，寺本宏明，佐藤上太，近藤学哉，池上敦子，中川幸士，箭田裕子，田内雅規，村上琢磨，北野正夫 (2002)．視覚障害者用道路横断帯の標準的敷設法に関する研究 (1)，労働科学，78 (6)，pp.310-316.

大倉元宏，小川 洋，古川俊一郎，田内雅規，北野正夫 (2004)．視覚障害者用道路横断帯の標準的敷設法に関する研究 (2)，労働科学，80 (4)，pp.160-170.

大倉元宏，北村康大，中野 敏，田内雅規 (2004)．視覚障害者用道路横断帯の幅に関する実験的検討，第30回感覚代行シンポジウム論文集，pp.69-72.

大倉元宏，杉山 尭，菅野 淳，田内雅規，中村孝文，中川幸士，長岡英司 (2005)．新しく開発した視覚障害者用道路横断帯における点状縦線突起の効果の検討，第31回感覚代行シンポジウム論文集，pp.23-26.

大倉元宏，中川幸士，田内雅規 (2006)．視覚障害者用道路横断帯の敷設ガイドラインの提案，日本交通科学協議会誌，6 (2)，pp.12-19.

大倉元宏，天野博透，林 斉，中川幸士，田内雅規 (2010)．視覚障害者用道路横断帯を構成する点状突起の高さと足による検知性，日本交通科学協議会誌，10 (1)，pp.11-16.

警察庁 (2003, 2004)．バリアフリー社会における横断歩行者の安全確保に関する調査研究報告書.

警察庁 (2007)．エスコートゾーンの設置に関する指針の制定について（通達）．Retrieved August 2, 2013, available from http://www.npa.go.jp/pdc/notification/koutuu/kisei/kisei20070525.pdf

田内雅規，村上琢磨，清水 学，大倉元宏 (1993)．視覚障害者の道路横断を支援する新し

試み，第19回感覚代行シンポジウム発表論文集，pp.143-148.

田内雅規，中村孝文，大倉元宏，中川幸士，長岡英司 (2005). 新しく開発した視覚障害者用道路横断帯の突起形状の設計と歩きやすさの評価，第31回感覚代行シンポジウム論文集，pp.19-22.

中川幸士 (1999). 視覚障がい者の交差点環境と新しい試み，視覚リハビリテーション，40，pp.19-28.

中村孝文，田内雅規，大倉元宏，中川幸士，長岡英司 (2005). 新しく開発した視覚障害者用道路横断帯の突起形状と車いす通過時の振動，第31回感覚代行シンポジウム論文集，pp.27-30.

日本道路協会 (1985). 視覚障害者誘導用ブロック設置指針・同解説，pp.32-34，東京：丸善.

6章

Guth, D. & LaDuke, R. (1994). The Veering Tendency of Blind Pedestrians : An Analysis of the Problem and Literature Review, J. Visual Impairment and Blindness, Sep.-Oct., pp.391-400.

Murakami, T. (1984). Train Platform Accidents of Independent Blind and Visually Impaired Travelers, Bulletin of the Tokyo Metropolitan Rehabilitation Center for the Physically and Mentally Handcapped, pp.27-36

Scott, A.C., Barlow, J.M., Guth, D.A., Bentzen, B.L., Cunningham, C.M. & Long, R. (2011). Nonvisual Cues for Aligning to Cross Streets, J. Visual Impairment and Blindness, Oct.-Nov., pp.648-661.

Tanaka, I., Murakami, T. & Shimizu, O. (1981). Heart Rate as an Objective Measure of Stress in Mobility, J. Visual Impairment and Blindness, 75, pp.55-63.

Tanaka, I., Shimizu, O., Ohkura, M. & Murakami, T. (1988). Direction Judgement of Blind Travelers in Straight Walking under Controlled Environment, Nat. Rehab. Res. Bull. Jpn., 9, pp.111-114.

Tanaka, I., Shimizu, O., Ohkura, M., Murakami, T. & Tauchi, M. (1989). Direction Judgement of Blind Travelers in Straight Walking after Negotiating an Obstacles, Nat. Rehab. Res. Bull. Jpn, 10, pp.145-148.

大倉元宏 (1989). 二次課題法による盲歩行者のメンタルワークロードに関する研究，人間工学，25 (4)，pp.233-241.

大倉元宏，村上琢磨，清水　学，田中一郎，田内雅規 (1990). 視覚障害者が道路横断時に利用している情報，第16回感覚代行シンポジウム論文集，pp.69-73.

大倉元宏，村上琢磨，清水　学，田内雅規 (1995). 視覚障害者の歩行特性と駅プラットホームからの転落事故，人間工学，31 (1)，pp.1-8.

大倉元宏，三浦崇路，富永友樹，丸山雄大，池上敦子 (2006). 周囲音が視覚遮断直進歩行に及ぼす影響，人間工学，42 (2)，pp.119-125.

大倉元宏，青木良輔，橋本和広，碇　直史，稲垣具志，田内雅規 (2012). 左右の耳のマスキング差が視覚障がい者の直進歩行に及ぼす影響，交通科学研究資料（第48回日本交通科学協議会総会・学術講演会），53，pp.79-82.

狩野広之 (1978). 不注意物語―労働災害の事例研究集―，神奈川：労働科学研究所.

交通エコロジー・モビリティ財団 (2000). ホームドアシステムの研究開発事業研究報告書.

Retrieved August 7, 2013, available from http://nippon.zaidan.info /seikabutsu /1999 /00059 /mokuji.htm

国土交通省 (2011). ホームドアの整備促進等に関する検討会. Retrieved August 7, 2013, available from http://www.mlit.go.jp/tetudo/tetudo_tk6_000017.html

国土交通省 (2014). ホームドアの設置状況について. Retrieved June 2, 2014, available from http://www.mlit.go.jp/report/press/tetsudo04_hh_000046.html

田内雅規, 清水 学, 大倉元宏, 村上琢磨 (1991). 視覚障害者の鉄道利用における支援システムの人的要素, 国立身体障害者リハビリテーションセンター研究紀要, 12, pp.37-43.

田内雅規, 村上琢磨, 大倉元宏, 清水 学 (1992). 視覚障害者による鉄道単独利用の困難な実態. リハビリテーション研究, No.70, 21 (4), pp.33-37.

武田真澄, 渡辺洋子, 高橋了子, 田内雅規 (2006). 視覚障害者用線状ブロックの方向指示機能に関する検討, 人間工学, 42 (3), pp.190-199.

田中一郎, 清水 学, 村上琢磨 (1977). Mobility の基本的成分とその評価, 第3回感覚代行シンポジウム論文集, pp.97-100.

田中一郎, 大倉元宏, 清水 学 (1985). モビリティ・ラボラトリィの設計と機能, 第11回感覚代行シンポジウム論文集, pp.25-29.

毎日新聞 (1994). 全盲者 2/3 が転落経験, 10月6日付朝刊.

ムーア, B.C.J., 大串健吾 監訳 (1994). 聴覚心理学概論, pp.241-246, 東京：誠信書房.

村上琢磨 (1985). 盲人単独歩行者のプラットホームからの転落事故, 障害者の福祉, 5 (1), pp.32-35.

読売新聞 (2011). 幅4メートルホームの死角, 1月21日付夕刊.

和田陽平, 大山 正, 今井省吾 (1969). 感覚・知覚心理学ハンドブック, p.720, 東京：誠信書房.

コラム：認知地図

Eleanor, A.M., David, G.G., Ingrid, S.J., Catriona, D.G., John, A., Richard, S. J. F. & Christopher, D. F. (2000). Navigation-related Structural Change in the Hippocampi of Taxi Drivers, PNAS, 97, pp.4398-4403.

Tolman, E.C. (1948). Cognitive Maps in Rats and Men, Psychological Review, 55 (4), pp.189-208.

索　引

【あ】

足の運び　27
アラミド長繊維強化樹脂　25

【い】

イサク　26
意思決定　65, 68, 74
石突き　25
　　——の種類　28
異種鳴き交わし方式　46
位置報知音　49
移動経路　8
移動支援設備　4, 34
移動手段　8
岩橋英行　35

【う】

ヴァレー・フォージ陸軍病院　26
運輸省　37

【え】

柄　25
駅舎内の誘導サービス　75
駅プラットホーム　4
エコー定位　20, 65, 72
エスコートゾーン　4, 12, 52
エレクトロプサルム　32
縁石　11

【お】

横断開始時期　10
横断開始点　10
横断こう配　12
横断方向　10
横断歩道　35
横断歩道口　10
横断歩道渡り口　36
押しボタン箱　49
オリエンテーション　3, 5, 31, 61
　　——とモビリティ　3, 5
オリエンテーションエイド　3
折りたたみ式　25
オルデンブルグ盲導犬学校　30
音　響　32
音響信号機　4, 10, 12, 45, 67

音源定位　65, 68, 71, 74,
恩賜の杖　26
音声地図　22

【か】

階　段　36
ガイドライン　37, 47
仮想ナビ　24
可動式ホーム柵　75
カーナビ　6
カーボン　25
環境認知型　32
慣性力　64

【き】

記憶依存性　66
機能性石突き　28
木下和三郎　15
境界線　8
強化プラスチック　25
曲率半径　10
切り下げ部　8
近接環境　19
　　——のナビゲーション　24, 32
筋肉運動記憶　11

【く】

空間情報　65
空間分解能　22
下りこう配　11
グラスファイバー　25
車いす　19
軍用犬　31
訓練計画　18
訓練目標　18

【け】

軽金属　25
警　告　35
警告ブロック　36
経済産業省　39
携帯型レシーバ　32
経路地図　22
検校杖　26
建設省　37

【こ】

交差点部　8
交通機関乗換点　8
交通信号機　45
交配種　30
国際規格の委員会原案　37, 47
国際標準　38
国土交通省　37
国内標準　39
瞽　女　26
言葉による地図　22
ゴム製のキャップ　25
ゴールデン・レトリーバー　30
コンスタント・コンタクト・
　テクニック　28
コンパニオン・アニマル　32

【さ】

在宅・訪問訓練　17
左右の耳のマスキング差　62

【し】

シーイング・アイ盲導犬学校　31
ジェイクル　5, 15
シェパード　31
視覚障がい者
　　——の移動様式　25
　　——の歩行補助具　25
　　——のリハビリテーション　60
視覚障害者誘導用ブロック　35
視覚障害者用交通信号付加装置
　　45
時間情報　65
指向性スピーカー　50
失明兵士　31
自動車の発進音　12
視認性　25
自分を中心とした座標　22
社会復帰　30
車両走行音　11, 12
縦断こう配　12, 43
受　障　34
障害物　10, 28
　　——の探知　26
障害物検知　32

常時接地法	28	【つ】		——の構成	25
——による白杖の操作	29	通商産業省	38	——の操作方法	28
——の変形	29	杖の色	26	——の長さ	27
情報処理チャネルの飽和	33	つまずく	13	——の長さと歩幅	27
触地図	21	【て】		——の振り方	27
触覚的手がかり	20	ディスオリエンテーション	8	白杖操作法	26
ジョン・フォーブス・ゴルドン	31	鉄道	36	初めての道	20
自律航法機能	24	鉄道駅プラットホーム	36	ハーネス	30
真空熱処理成型器	21	電子式歩行補助具	4, 25, 32	ハーフドーム型	53
身体障害者福祉法	25	点字ブロック	4, 35, 59, 71	パームチップ	28
身体障害者補助犬法	30	——のJIS制定	53	バリアフリー新法	37
振 動	32	点状縦線	54	反射テープ	25
心拍数	18	点状突起	35	【ひ】	
シンボル	26	点状ブロック	36	標準化	40
心理的ストレス	18, 59	点状横線型	52	【ふ】	
進路探知	32	電子ラベル	32	敷設法	40, 41
【す】		転倒する	13	不注意	74
スクウェアオフ	8, 20, 64, 67, 70	【と】		踏み外す	13
スクランブル交差点	49, 54	トウー・ポイント・タッチ・テクニック	28	プラットホームからの転落	69
スタンダードタイプ	28	道路横断	4	振り幅	28
スマートフォン	76	道路横断帯	12	ブレッドソー	26
【せ】		道路交通取締法	26	【へ】	
静音化	12	道路交通法	30	偏軌傾向	62, 68, 70
製品評価技術基盤機構	39	トーキングサイン	32	【ほ】	
赤外線	32	独訓盲書	31	方向定位	67, 71
戦災失明者	30	ドーム型突起	52	方向変換地点	8
線状突起	35	トライアングル型	54	歩 行	3, 5
線状ブロック	36	トレッカーブリーズ	23	歩行器	19
全地球測位システム	5, 23	トレーリング	70	歩行訓練士	34
【そ】		ドロシー・ハリスン・ユースティス	30	歩行補助具	3
相対的位置関係	6	【な】		歩車分離式信号機	12
素 材	25	長い杖	26	歩車分離式の交差点	49
【た】		ナビゲーション	5, 7	歩車分離制御	12
体験型・問題解決型学習	17	ナビゲーションツール	24	補装具種目	25
高い心理的ストレス	66, 73	【に】		ホームドア	75
タッチ・アンド・スライド法	29	握り	25	保有感覚	13, 32
タッチ・アンド・ドラッグ法	29	二次課題法	18, 66	保有感覚器官	61
【ち】		入所・通所訓練	17	ポンペイ遺跡の壁画	30
単路部	8	認知地図	66	【ま】	
知覚空間	6	【の】		巻き込み部	12
地 図	3	上り段差	12	マップマッチング	24
着地点の安全確認	26	【は】		迷い込み	9
注意喚起	35	白 杖	4, 25	マンナビ	6
注意喚起用ブロック	36	——に関する法令	26	【み】	
超音波	32	——による単独歩行	32	道	36
——の送受信	32			道案内	22
——の放射角度	32			道 順	20
直丈式	25			道順説明	22

三宅精一 35
民地内通行 24

【め】

メロディー 45

【も】

盲人安全つえ 25
盲導犬 4, 25
　——の数 31
　——の仕事 31
盲導犬種 30
盲導犬チャンピイ 31
盲導犬歩行 32
盲目の聖ヘルブ 30
物に当たる 13
モビリティ 3, 7, 13, 61
モビリティエイド 3, 25
モビリティラボラトリ 62

【や】

夜間歩行 25

【ゆ】

誘導線 8, 19
誘導ブロック 36
誘導歩行 25
誘導用装置 36
誘導路 40
ユニバーサルデザイン 54

【ら】

ラブラドール・レトリーバー 30
ランドマーク 8, 10

【り】

利口な不服従 31
リスク 4
リチャード・フーバー 25
立体コピー機 21
旅客ターミナル 37

【れ】

レーザー 32
レーズライター 21
レンブラント 30

【ろ】

ローラーチップ 28

【わ】

和製盲導犬 31

【数字】

1代雑種 30
2点接地法 28

【英字】

American Foundation for Overseas Blind 15
Boston College 15
Braillon 22
Carroll 15
Elektroftalm 32
ETA 25, 32
GPS 3, 5, 23
Hanks 15
Hoover 15
ISO 37
JIS 38
K'sonar 32
OM 3
OM 技術 4, 34
OM 訓練 3, 34
St. Paul's Rehabilitation Center 15
Tactile Guidestrips 54
Thermoform Machine 21

―― 著者略歴 ――

大倉　元宏（おおくら　もとひろ）
　　最終学歴　早稲田大学大学院理工学研究科前期博士課程修了
　　学位　　　工学博士
　　現在　　　成蹊大学理工学部 教授

清水美知子（しみず　みちこ）
　　最終学歴　Boston College Graduate School of Arts and Science
　　　　　　　Department of Education
　　学位　　　教育学修士
　　現在　　　フリーランスの歩行訓練士

田内　雅規（たうち　まさき）
　　最終学歴　東京農工大学大学院農学研究科修士課程修了
　　学位　　　医学博士
　　現在　　　岡山県立大学 特任教授

村上　琢磨（むらかみ　たくま）
　　最終学歴　日本大学大学院理工学研究科前期博士課程修了
　　学位　　　工学修士
　　現在　　　NPO法人 視覚障がい者支援しろがめ 代表理事

視覚障がいの歩行の科学
　―― 安全で安心なひとり歩きをめざして ――
Science of Orientation and Mobility of Persons with Visual Impairment
　―― Toward Safe and Reliable Independent Travel ――
Ⓒ Ohkura, Shimizu, Tauchi, Murakami　2014

2014年10月10日　初版第1刷発行　　　　　　　　　　　　★

検印省略	著　者	大　倉　元　宏
		清　水　美知子
		田　内　雅　規
		村　上　琢　磨
	発行者	株式会社　コロナ社
	代表者	牛来真也
	印刷所	萩原印刷株式会社

112-0011　東京都文京区千石4-46-10
発行所　株式会社　コロナ社
CORONA PUBLISHING CO., LTD.
Tokyo Japan
振替 00140-8-14844・電話(03)3941-3131(代)
ホームページ　http://www.coronasha.co.jp

ISBN 978-4-339-07237-2　　　（新井）　（製本：愛千製本所）
Printed in Japan

本書のコピー，スキャン，デジタル化等の無断複製・転載は著作権法上での例外を除き禁じられております。購入者以外の第三者による本書の電子データ化及び電子書籍化は，いかなる場合も認めておりません。

落丁・乱丁本はお取替えいたします